序

2017年11月11日晚上9点整，阿里巴巴西溪园区灯火通明、流光溢彩，仿佛是在过春节。从电梯间到工位，再到园区的广场上，园区的每个角落都充斥着天猫形状的装饰，无处不传达着双11的喜悦和热闹，但此时阿里小二们却无暇顾及周围的节日氛围，大部分人都全神贯注地对着电脑，全力做好双11最后的冲刺工作。

作为双11设计总负责的我，刚刚从一个临时会议中走出来，准备去项目室看看奋战在一线的设计师们，就在这短短几分钟的路程上，我才有时间放松一下紧张的心情，感受一下大战之前的氛围。园区里忙忙碌碌的人流、大家脸上的笑容、园区里照亮半边天的灯火……这一切都是那么熟悉又新鲜。熟悉的是这份忙碌已经持续九年了，新鲜的是每年都会带来不一样的惊喜和感动。双11就像一个孩子，我脑海里不断浮现出多年来他成长的点点滴滴，又期许着他的未来。我突然萌生一个想法，为什么不把他的成长记录下来？为什么不把每一年双11的设计故事都沉淀下来，展示给更多的人看呢？

如今的双11俨然已经成为一种文化符号，不再仅仅是一个促销活动，2017年的双11销售额达到1682亿，无线端占比90%，双11创造了不可思议的历史，这段历史是消费者和阿里巴巴共同创造的，没有消费者，就没有这个特别的节日。对于阿里巴巴而言，双11是非常有意义的组织创新、商业创新、技术创新以及设计创新，他让全公司都凝聚在一起，阿里小二用想象力和创造力孕育了这个节日。在这个日子形成一种象征符号的过程中，设计肩负着直接传达的重任，双11的品牌传达、会场页面的体验设计都在挑战着设计师们，如今我们还面临着智能设计、新零售设计等挑战。

如果说一年一度的双11是阿里的缩影，那么双11的设计案例也绝对可以让大家窥见阿里设计的全貌。每年双11的设计集结可以说是一场饕餮盛宴，各种创意层出不穷，这其中也不乏对未来设计趋势的解读。伴随着新技术、新商业的崛起，设计的范畴也逐渐扩大，容纳了方方面面的体验案例。如此大规模的设计活动，我们又是如何统筹、规划、相互协作的呢？大家也可以通过各种横向和纵向的案例寻觅到踪迹。

双11是这个时代的产物，它早已超出了活动的层面，超出了区域的局限，双11必定是全球的节日。九年来，不断地积累和蜕变，让这份体验达到极致，给人们留下了深刻的记忆。今后双11的故事还会续写，创新和沉淀还会继续，我们愿意将这些经验分享给整个行业，愿中国设计越来越好。

青云　写于 杭州

2017天猫双11全球狂欢节 设计年鉴

GLOBAL SHOPPING FESTIVAL 2017 DESIGN YEARBOOK

阿里巴巴设计委员会　编著

電子工業出版社
Publishing House of Electronics Industry
北京·BEIJING

图书在版编目（CIP）数据

2017天猫双11全球狂欢节设计年鉴 / 阿里巴巴设计委员会编著.
北京：电子工业出版社, 2018.6
ISBN 978-7-121-34076-5

Ⅰ. ①2… Ⅱ. ①阿… Ⅲ. ①网络营销－中国－2017－年鉴 Ⅳ. ①F724.6-54

中国版本图书馆CIP数据核字(2018)第076448号

责任编辑：田　蕾　　　文字编辑：赵英华
印　　刷：北京画中画印刷有限公司
装　　订：北京画中画印刷有限公司
出版发行：电子工业出版社
　　　　　北京市海淀区万寿路173信箱　邮编：100036
开　　本：889×1194　1/16　印张：10.5　字数：272千字
版　　次：2018年6月第1版
印　　次：2018年6月第1次印刷
定　　价：179.00元

凡所购买电子工业出版社图书有缺损问题，请向购买书店调换。若书店售缺，
请与本社发行部联系，联系及邮购电话：（010）88254888，88258888。
质量投诉请发邮件至zlts@phei.com.cn，盗版侵权举报请发邮件至dbqq@phei.com.cn。
本书咨询联系方式：（010）88254161~88254167转1897。

ISBN 978-7-121-34076-5

Preface

前言

2009 第一届双11

2010

2011 双11网购狂欢节

2012 双11购物狂欢节

2013

2014

2015 双11全球狂欢节

GLOBAL SHOPPING FESTIVAL

2016

2017

设计与双 11 的历史进化

因为“5 折”，蜕变节日！

2009 年的双 11 还只是一场促销活动，促销的力度让用户记住了这一天：“一个 5 折的网购促销”。

2011 年，双11才开始真正意义上的品牌化运作，伴随着十大 B2C 进入淘宝，淘宝商城（天猫）奏响了节日化的主旋律“11.11 网购狂欢节”，节日之名由此诞生！双 11 正式被定义为互联网电商汇聚的购物节日。那一年，双 11 诞生了第一代以节日为定义的 Logo，同时孵化了第一座 B2C 定义下的品牌狂欢城，因此也开创了线上互动营销在未来的场景。

2012 年，淘宝商城正式更名为天猫，脱离淘宝的庇护罩，开启 B2C 在网购场景下对品牌、品质、服务重新定义的升级大图。品牌商的服务品质及粉丝忠诚度，让双 11 心智与线下实体的体验感知形成正向关联，随之，“双 11 网购狂欢节”更名为“双 11 购物狂欢节”；到了 2013 年双 11，也就有了新零售的萌芽，那一年线上线下品牌万店同庆，设计师的版图也从线上开始延伸到线下。

2015 年，延续了7年的双11上了一个新的台阶，全球化、智能化、娱乐化给这个节日带来了新的生命！“双 11 全球狂欢节”，节日的定义不再只是购物的导向！全球大牌及消费升级概念的涌入，晚会大文娱的媒体运营矩阵开启，千人千面的个性化导购觉醒，设计师的场景设计能力再一次扩宽！

2017 年，新零售正式启动的元年，跨端交易，无人概念，品牌互动，Mall 的深度运营合作等一系列线下跨时代的概念渐渐开始蓄水，融合成方向、功能及体验标准。系统化的线下设计，真正意义上颠覆了未来设计师的定义。跨界的、融合的、智慧的设计将是2018年阿里设计师的核心关键词。

未来，我们无须定义双 11 是什么，它将是阿里大生态集中表达的舞台。每个生态在接收智能化、娱乐化、生活化的升维和整合。未来……已来！

设计与商业解决思考

双 11 其实从来没有被完整定义，它应该有什么，未来变成什么样，完全是一个想象力的建设过程，令人兴奋的是它逐渐将赋予“营销”的想象力变成了现在互联网电商的生态，正在引领改变整个世界。

阿里的设计师在定义用户场景和体验的同时也逐步形成了系统化分工。最初的一拖 N 外包设计的活动模式，变成了现在产品、互动、导购、内容、传播、娱乐、“新零售”的设计矩阵；“营销”设计师的定义被模糊，双 11设计力的模型逐渐被清晰定义。

同时 2014 年的双 11，在真正意义上开启了全集团打造同一个节日的生态大图，各个业务单元（BU）在双 11 生态中的角色和归属燃起了所有阿里人的激情！集团内每一位设计师也因此被连接，他们处理的业务内容不同，但因为一个信仰团结在一起！

Cont

ents

Brand

design

品牌设计

BRAND POSITIONING

品牌定位

节日心智下的品牌建设，让双 11 这个天猫的营销 IP 变得更有张力，不会一味强调任务，只沟通“狂欢”的情绪 不会一味强调自我，更注重沟通“全球”人的归属；而一切的业务带给这个节日的变化，则往往变成我们内容化的信息穿透，以及寓意化的符号贯穿。

设计师就是这个灵魂的摆渡人。

两个纬度锁定方向

传承

2013	2014	2015	2016
一份喜悦 一份好评	全民拍档 我为双十一代言	我的双十一 全球的狂欢	*All in one* 尽情尽兴，尽在双十一

其实每年的双 11 都有一个概念，且一直传承着节日背后情感触达对用户的感召，以用户为视角的核心沟通策略，奠定了我们以“人”为核心的内核构建。

传递

in

insight / 洞察

inspire / 启发

involve / 参与

incredible / 愉悦

以消费者为核心，是让消费者置身其中，体验真实的存在感。所以，我们首先要走进每一个消费者的内心，去洞察他们差异化的内心需求，带入更多有想象力的新选择，启发他们打开新的生活方式。创造更具带入感的场景，让消费者融入其中，尽情释放自我。放大被满足的喜悦，带入更多消费者情感表达，营造出由外而内的内心共鸣。这就是“in ”这个核心概念，以“in”来构建我们品牌的内核。

接下来的问题就是“in”这个品牌内核，如何传递给消费者，用消费的语言来解读，让他们有同感。

设计并不是数学公式可以推导和预测，在技巧和方法的背后，设计需要一件重要的东西——灵感！而灵感总是孕育于日常生活之中。就在一次网购的体验中，设计师找到了灵感，打开包裹的瞬间，灵感被激发——那就是“open”带来的惊喜感！

Visual Identity

视觉特征

没错，我们每一个人都是消费者，灵感就藏在这些真实的消费体验中。我们预设了很多玩法，准备了很多理念，营造了很多体验，但是对于消费者而言，这一切都聚集在每一个“打开”的瞬间，打开手机、打开电脑、打开红包、打开页面、打开包裹……

Open, Beyond Imagination! 开启超越想象的精彩！这就是我们表现上的灵感，用“open”来构建情感上的共鸣。历史再一次证明，想不出来，是因为买得还不够多！灵感袭来，设计师兴奋得一夜没合眼……

灵感确定之后，Logo 到底该长什么样？我们要用什么样的视觉语言去沟通？顺着思绪的线索，还需要继续深入去洞察去挖掘。洞察什么？洞察当人完全打开自己，感到幸福满足的时刻会干什么。

设计师最后选择了张开双臂的形象——张开双臂去释放自己，拥抱当下，拥抱世界的美好。这是一个全球通用的视觉语言 ，它是不需要解释的共鸣。设计师将张开双臂这个视觉语言与天猫双 11 相结合，构建一个具有包容性的品牌符号。同时在这个图形容器里去演绎不一样的欢乐元素！在静态版本中，将所有元素抽象凝练成最具有包容性的方形和圆形，用简洁的力量去诠释这种活力和多元化。

inOPEN

open my mind.
open my life.
open my future.

Open, Beyond Imagination!

开 启 超 越 想 象 的 精 彩 ！

开机闪屏应用

一个好的品牌符号，需要有很好的应用性，这不仅体现在组合样式上，还要既能够上得了台面，向下延展的时候又能够具有很强的感染力，在传播层面，甚至不需要一句文案去解释，就能直观地展示出平台的活力、开放性和包容性。它充满了欢乐的气息，又很有记忆度，品牌方也能在我们的符号下有更广阔的拓展空间。

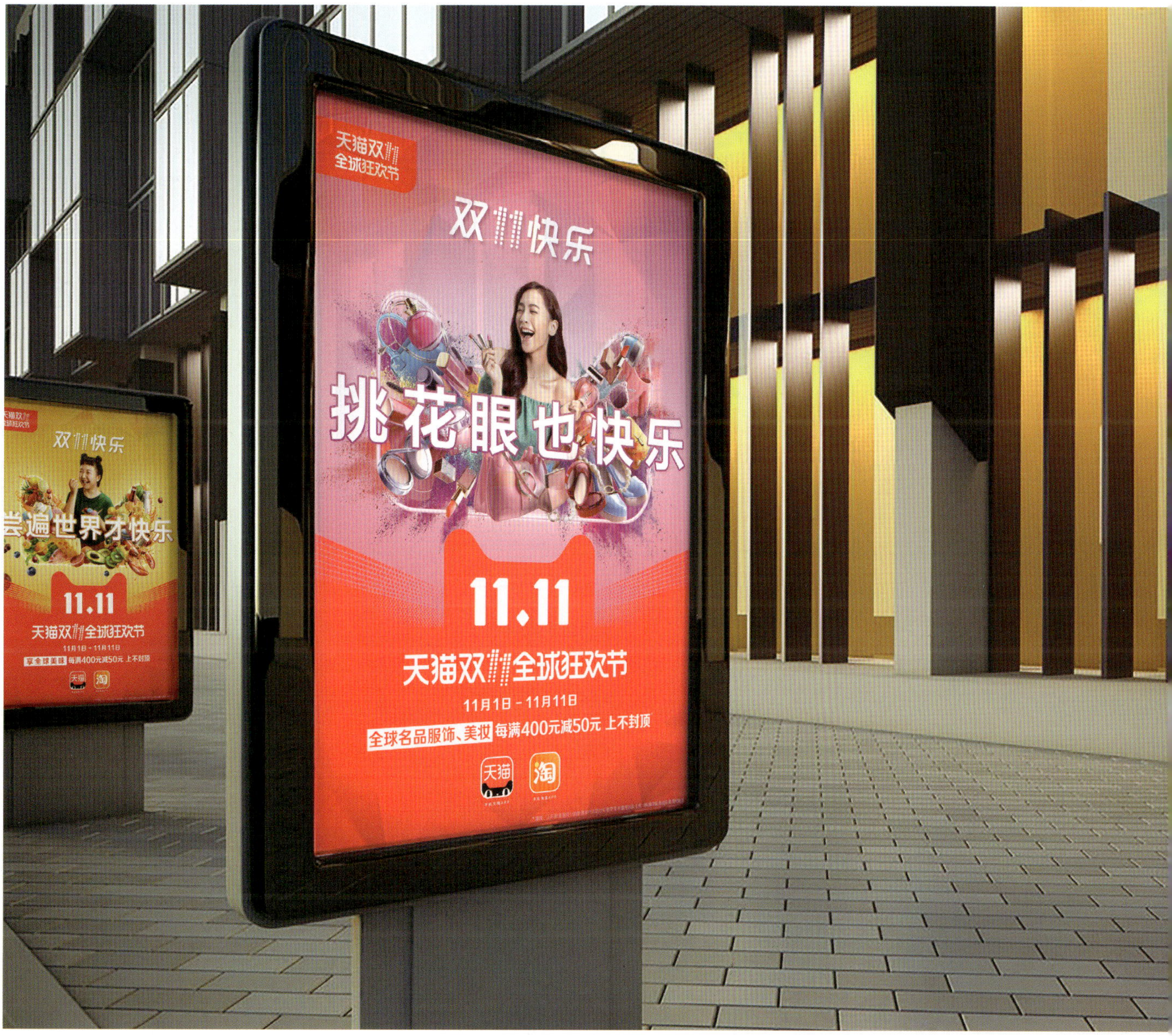
天猫双11
全球狂欢节
双11快乐
挑花眼也快乐
11.11
天猫双11全球狂欢节
11月1日 - 11月11日
全球名品服饰、美妆 每满400元减50元 上不封顶
天猫
淘
双11快乐
尝遍世界才快乐
11.11
天猫双11全球狂欢节
11月1日 - 11月11日
每满400元减50元 上不封顶

户外广告应用

10月20日-11月10日 预售中
祝你双11快乐
狂欢即刻开启
11.11
天猫双11全球狂欢节
全球大牌 疯狂预售
定金100元抵150元
双11快乐
玩物立志也快乐
11.11
天猫双11全球狂欢节
双11快乐
挑花眼也快乐
11.11
天猫双11全球狂欢节
双11快乐
尝遍世界才快乐
11.11
天猫双11全球狂欢节
双11快乐
家务归我也快乐
11.11
天猫双11全球狂欢节
双11快乐
你快乐所以我快乐
11.11
天猫双11全球狂欢节

11.11
全球狂欢节
2017

中国移动
9:09 PM
15%
天猫
手机淘宝
AliExpress
飞猪
聚划算
虾米
闲鱼
Alibaba.com
千牛
支付宝
菜鸟裹裹
阿里云
盒马
一淘
淘票票

APP ICON

Carrier
100%
双11快乐
Gap女装 简约条纹元素过肩袖针织开衫外套新款时尚型秋装外套
分享
¥600
专柜价 ¥120 双11狂欢价 ¥309
订单满600元可分期，每月最低54元(含手续费)
快递5.00元
月销量910笔
浙江杭州
此商品正在参加双11，请尽快购买！
客服
店铺
收藏
加入购物车
立即购买
12:12
关闭
支付成功
¥88888.88
查看订单
去主会场
祝你双11快乐
掌柜邀你入群
NIKE官方旗舰店用户群
243561 人正在热聊
群成员专享：进群就送红包！更有新品抢先购，限时品优先试用，还有更多惊喜等你哦~
进入群聊
恭喜您获得买就返红包
立即查看
猜你喜欢
中国移动
9:41 AM
100%
88超级会员
天猫积分 2340
已领权益
超级客服
极速退款
购物奖励
生日特权
双11快乐
百万尖货 抢先预定
超级会员专享
宝格丽白牛皮手包
¥958
CMCC
9:41 AM
77%
超级会员专场
Estella
淘气值 3934
88会员
88超级会员专享福利
11.11
双11精选商品
宝格丽白牛皮手包
¥980

产品氛围应用

同时，“open”这一核心设计概念，也在更多的场景中被广泛应用。

2017天猫双11全球狂欢节
2017 TMALL 11.11 GLOBAL SHOPPING FESTIVAL
11.11
天猫全球狂欢节
2017
祝你双11快乐

天猫双11全球狂欢节
祝你双11快乐
11.11
11.11
天猫全球狂欢节
2017
祝你双11快乐
HAPPY DOUBLE 11

天猫双11全球狂欢节
祝你双11快乐
HAPPY 11.11
11.11
11.11
天猫全球狂欢节
2017
祝你双11快乐
HAPPY DOUBLE 11

TMALL
COLLECTION
天猫双11全球潮流盛典
2017
TMALL
COLLECTION
天猫双11全球潮流盛典
2017

11.11
天猫全球狂欢节
祝你双11快乐
TMALL
COLLECTION
天猫双11全球潮流盛典
2017

TMALL
COLLECTION
天猫双11全球潮流盛典
2017

TMALL MASCOT DESIGN

天猫 IP 形象设计

节日化的 IP 塑造，融合品牌的视觉元素及 Logo 演绎，百变天猫化身为使者，成为各个场景的代言人、吉祥物和引导员！同时把它包装成礼赠，用于我们的互动传播。

形象构建

从双11主标识上提取可视化元素，重新设计重组作为猫形象的头冠及装扮，并注意设计时的圆角角度与整体设计保持一致。

双11 Logo 作为重要标识巧妙地定义成了天猫的头饰，结合披风及紧身衣的形象陪衬，彰显节日的仪式。

双11主标识

简化图形

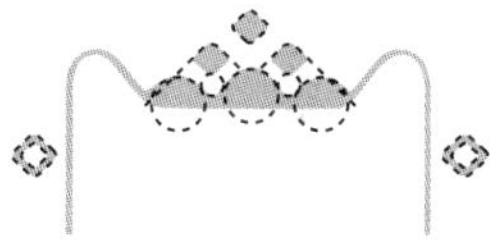

优化形象

猫形象主标识

角色设定

视图

比例尺寸

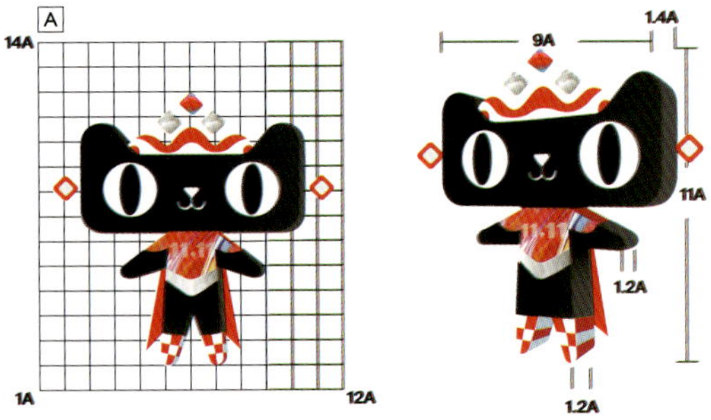

细节使用

形象延展

时尚风格猫

科技风格猫

生动化的天猫乐队演绎

天猫动态表情

<DIV>

天猫形象多场景应用

HAPPY
11·11

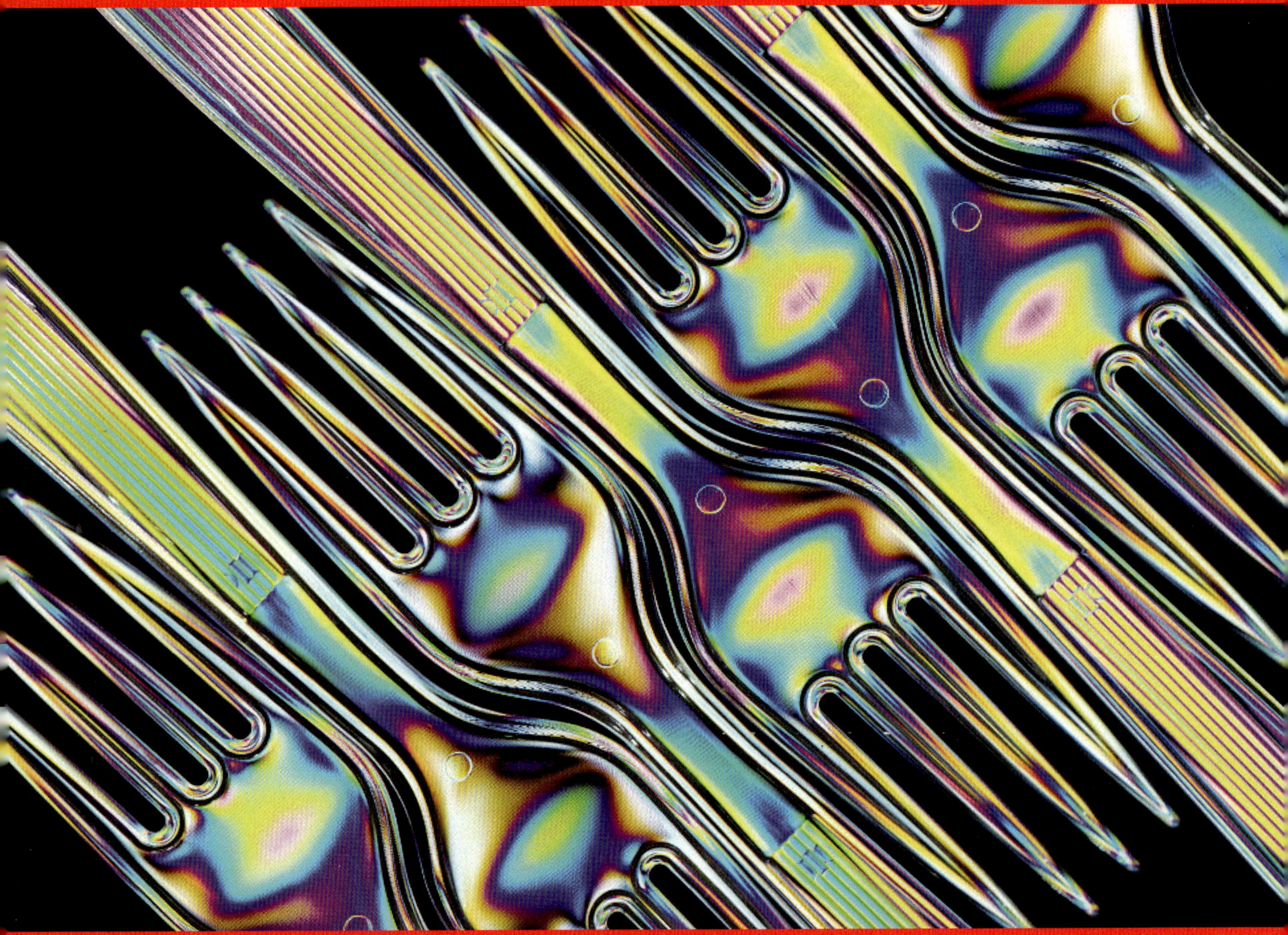

VISUAL STYLE & TONE

风格调性

设计师还是从“open”这个核心概念来入手，“open”给人的视觉联想应该是“五光十色”“绚烂多彩”的，那如何表现这种感观呢？“我们想在波普里面加光！”听上去感觉很不错，但是光怎么表现呢……

“镭射 +POP ART”！设计师一下子有了想法，创意很多时候都是通过老元素的新组合产生的。

确定了视觉风格之后，就是反复尝试。因为设计师发现一个问题，镭射这个元素很炫酷，但是也很难驾驭，所以要保持克制，要炫酷也要有原则。于是就有了镭射不超过 30% 的画面占比这个视觉原则。而在应用上，我们可以感受到这种扑面而来的欢乐，这就是节日该有的样子。

基础渐变或纯色 70%
镭射渐变 30%

示意
LASER

双11品牌风格演绎

双 11 品牌形象篇

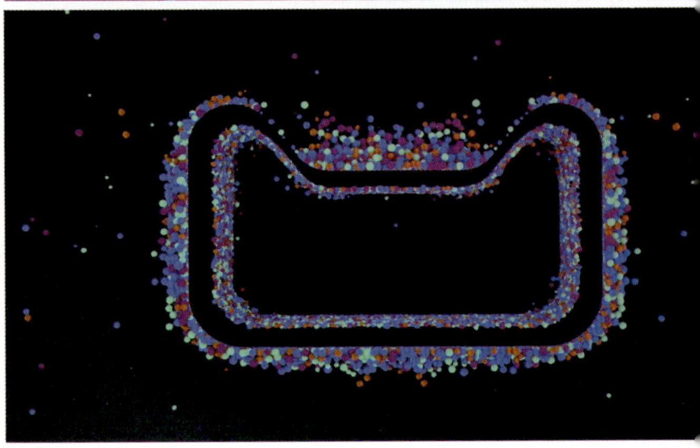

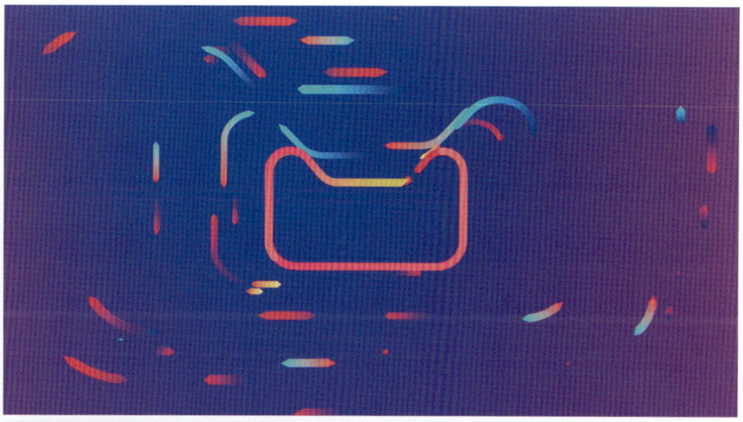

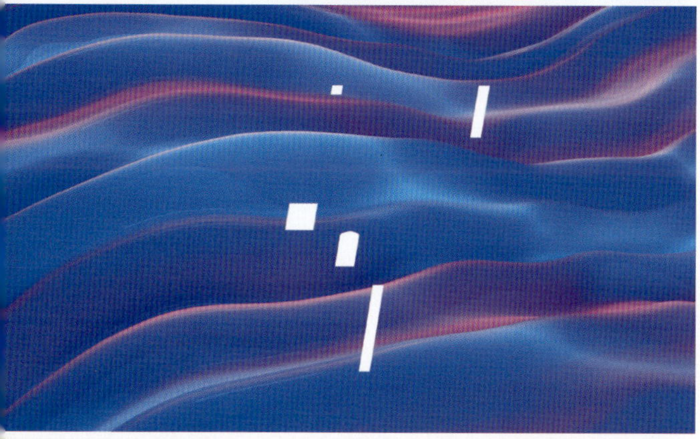

HAPPY

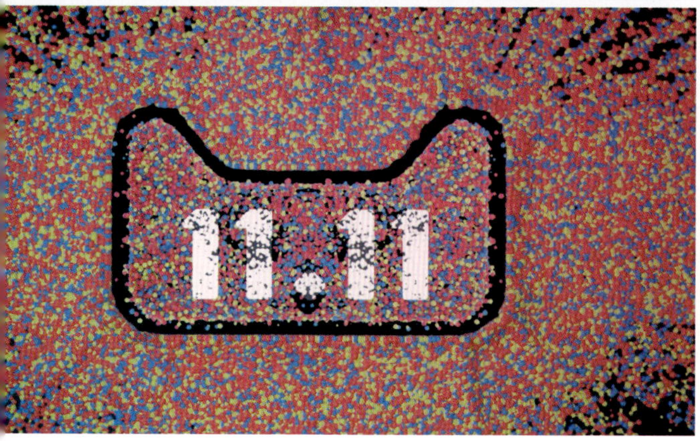
11.11

11.11
天猫全球狂欢节
2017

双 11 风格应用

HAPPY 11·11

Shopping g

uide design

导购设计

HOME PAGE

门户首页

首页是消费者使用的第一产品入口，传达出 APP 的整体气质和形象。然而在大促活动期间，首页的目的性会更明确：活动流量分发和活动氛围营造。

活动流量分发：除了外投的营销资源和定向的活动消息推送外，对于日活跃用户的引导主要靠首页的活动入口布点来告知和引导用户，双 11 全球狂欢节即将来袭！

活动氛围营造：在活动氛围的承接和传达上，要保障在站外来的用户看到活动氛围的延续，不会因氛围的中断而造成跳失；同时首页作为氛围传达的第一页面，要让消费者感知并记忆双 11 带来的狂欢、有趣、激情的购物氛围。

因此，核心设计重点必须兼顾氛围设计与流量分发的平衡，美感与效率兼得，不能顾此失彼。

多内容轮播 + 周期性主题融合设计

品、品牌
MARTIDERM
安瓶形象代言人
邓伦
进口美妆
立即加购
好货抢先看
苏宁易购
天猫超市
天猫国际
聚划算
分类
双11专属会场
自营
时尚美妆
全场5折
食品保健
100元券限量
母婴喂养
满500减100
品质家电
iPhone7秒杀
自营

打造双11活动眼

流量灵活分发

打破之前电商首页最常用的活动大按钮（button）的形式，进行横向入口的扩展，从以往只展示一个活动入口到展示多个活动入口，成为双 11 活动眼。对于用户来说，每天关注首页双 11 活动眼，就可以快速了解当天活动的重点内容。对于负责运营的同事来说，入口由一个变为多个后，则可以通过入口先后位置的投放，以及每一帧入口展示的时长来实现流量的灵活分配。

动态分层结构设计

每个区域在技术实现上，又可以拆分为多个层，在开发之前就定义好不同层的动效形式以及所支持的内容类型。通过层和层的组装，可以灵活地支持多种效果形式。

在每个层的设计当中，进行了动画预设，比如圆容器的旋转效果、商品的转动和掉落效果。这些效果在很大程度上降低了内容区的设计成本。因此只需要设计一张内容区的素材地图，再配合不同的动效路径，就可以展示出丰富的设计效果。

MOV

GIF

个性化商品

背景 GIF

更多尝试

除了承接多种媒介内容，风格上也使用更多的立体元素。

会场设计概念推导步骤

设计价值观

我们永远保持年轻积极的状态，
我们永远鼓励突破自我的定势，
我们永远努力让生活充满乐趣。

我们要用设计给亿万消费者带来什么？为消费者带来的是生活的灵感，鼓励打破传统的消费习惯尝试突破自我，对生活的每一个精彩渴望保持敬畏之心。谁都不会拒绝积极的态度，因为只有感受到积极的态度，我们才会不断去提升自己。我们相信，只要我们抱着这种积极的态度去做设计，我们的方案一定会带有巨大的正向作用。这就是我们希望用设计来赋予双 11 会场的态度表现。

品牌理念诠释

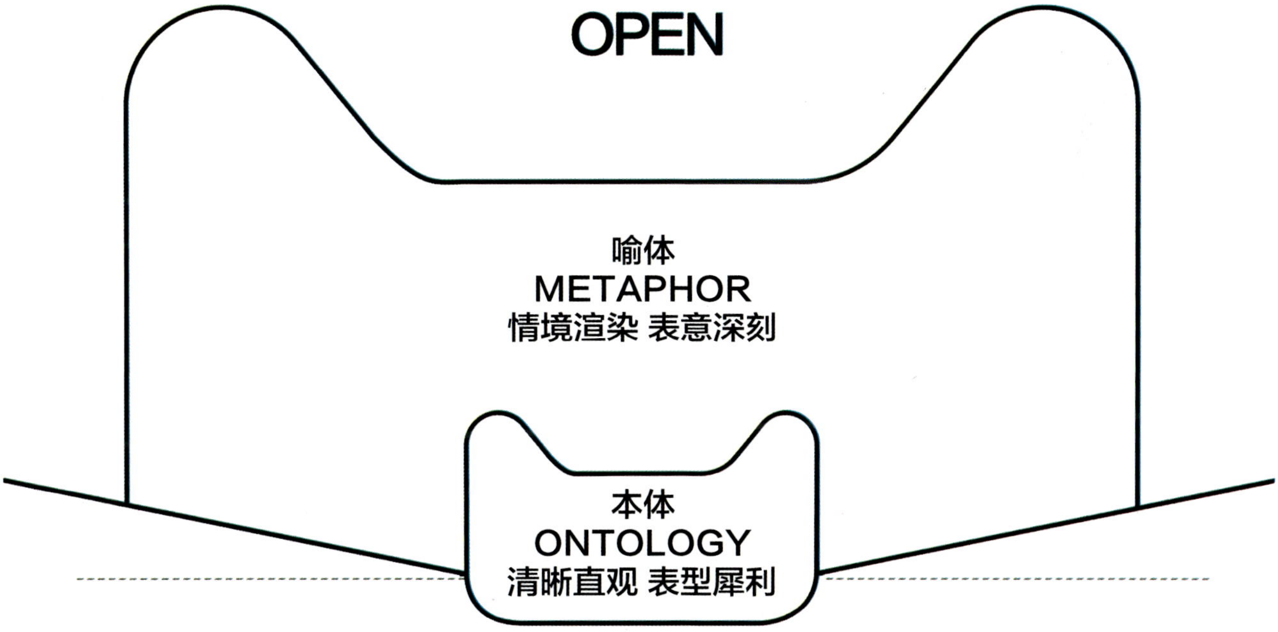

特征：基于中心点发散的构成形式

2017 年的品牌理念是开启超越想象的精彩，在消费者态度方面我们采用年轻积极、自我突破、生活乐趣作为线索。开启之后是什么？也许是一些可以激发消费者的线索，也许是对生活乐趣的演绎。从天猫双 11 开启精彩，所以就有了初步的视觉形式特征。第一层是本体层，主要是对品牌的精准诠释，要做到清晰直观的外形；第二层是喻体层，要通过情境渲染，表达深层次的含义。

阶段定位塑形

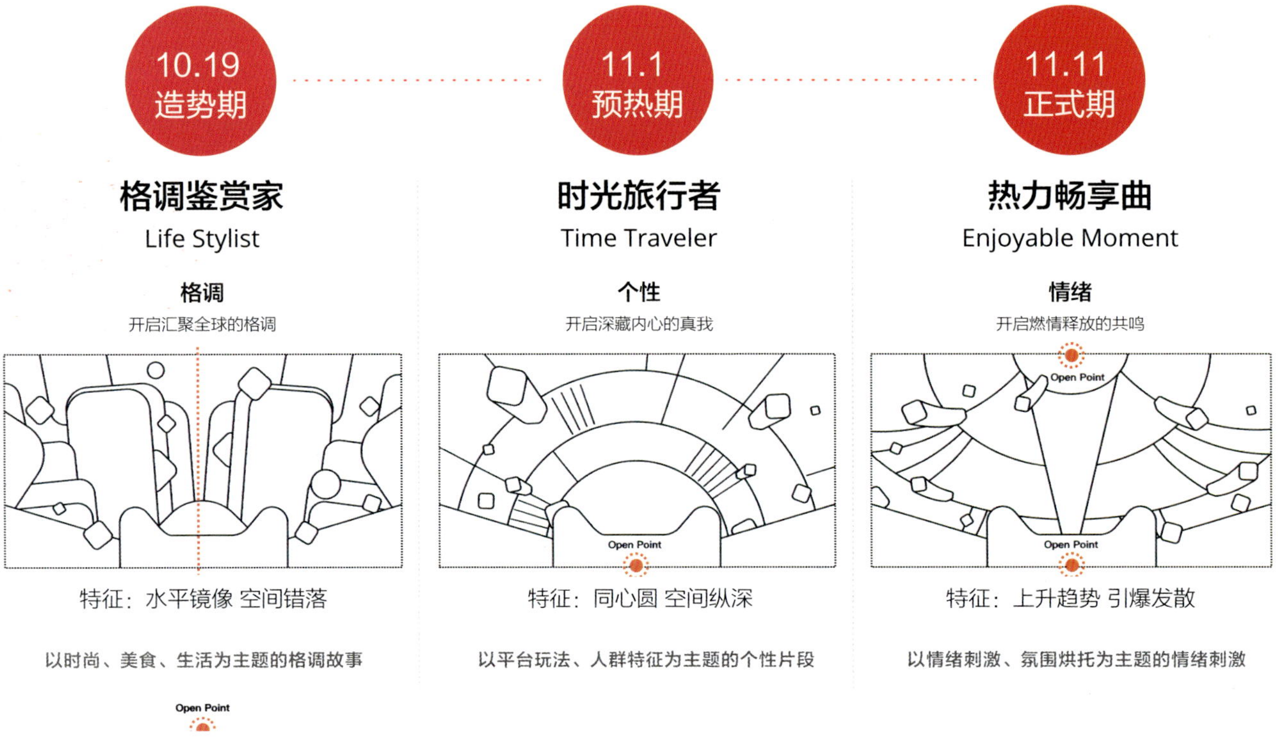

阶段KV意向图

格调鉴赏家

是双 11 第一阶段，10 月 20 日到 31 日前后。在这个阶段我们希望给消费者呈现的是一个双 11 已经登场的感受，所以采用了轻微开启的造型，把每一个开启变成一个个可以被鉴赏的内容，这个阶段包括三项主要内容：时尚、生活、美食。

时光旅行者

这个阶段消费者的主要操作行为是完成商品加购，我们要让消费者尽可能发现更多好货。这 10 天我们认为对消费者而言就像一趟时光旅行，消费者可以去回忆之前因种种原因遗憾错过的好商品，也可以去看看未来占主流的是什么样的智能科技，抑或是珍惜当前的时光，把生活演绎出极致。所以为了营造时光旅行的氛围，我们需要给消费者一个关于时间或空间的体感，在形式上都采用同心圆的设计（2016 年的穿梭隧道、2017 年的时间机器），并且 2017 年在主会场背后的表盘上采用了逆时针旋转的设计，希望体现出让时间慢下来，更好享受生活的设计理念。

热力畅享曲

11 月 11 日当天，是双 11 最火爆的第三阶段。在这个阶段消费者的主要任务就是买买买，这一天我们希望营造一个与之前两个阶段稍有区别但又有联系的感受。在这个阶段定位上我们用了两个开启的点从画面下方与上方分别开启，最终消失在画面左右两侧，形似张开的双翼，寓意包罗万象的双11。而到了下半场我们跟消费者沟通的信息是礼物，不仅有许多新玩法，也希望通过礼物这个概念促进更多消费者购买的可能性。

会场设计的场景化创新

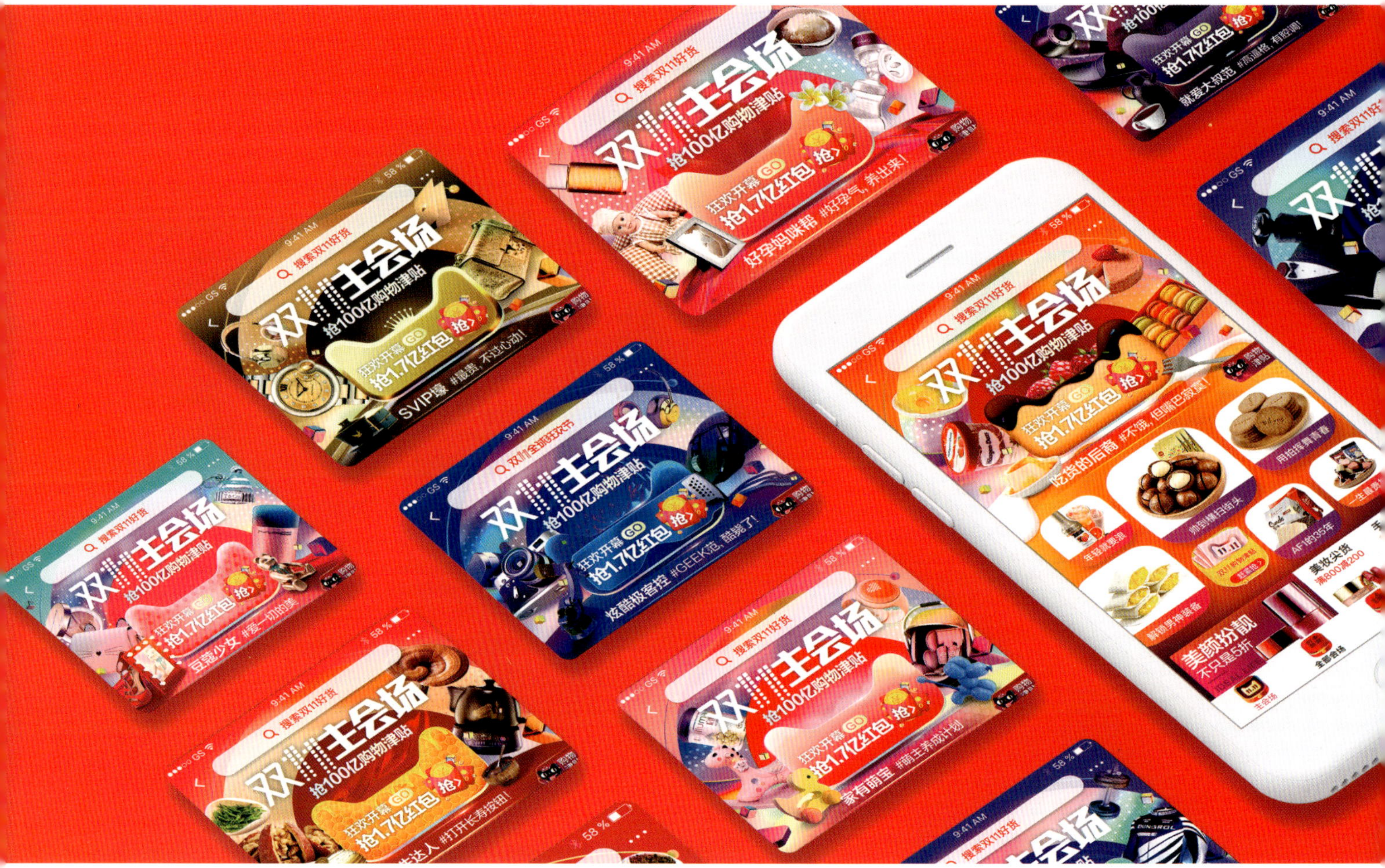

2016 年我们对不只是 5 折进行了创新设计，采用更加丰富的语言去诠释不只是 5 折这个概念，2017 年我们对限高的版头进行了大篇幅的内容创新。在与 2016 年同样的版头高度下，对内容进行深度创意，结合我们的消费人群，一共配套产出 21 个人群的设计方案并以此最终衍生出共计 40 余个人群的设计方案，获得了较大成功。

人群场景结构分解

为了保障设计效率我们对版头的构件进行分解归类，把不确定的利益点与场景主体进行分离，设计师在前期可以专注场景设计，不会因利益点变化而影响设计进度。

人群场景色彩定义

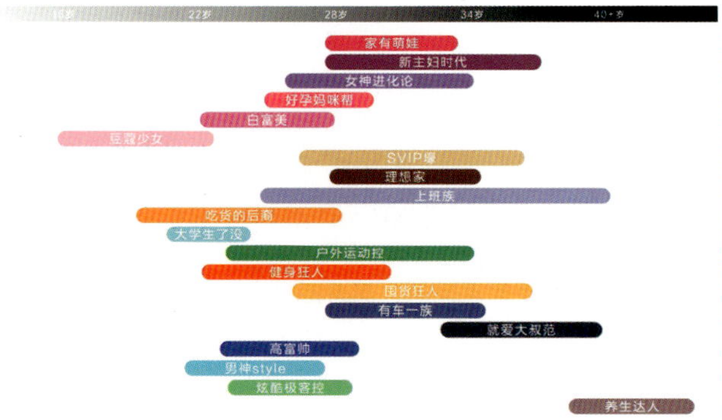

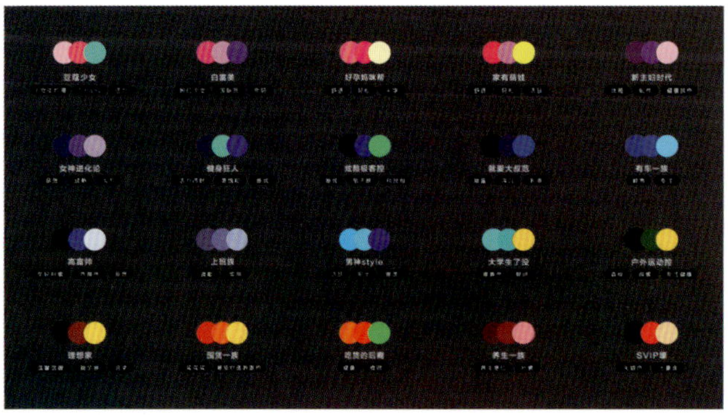

人群场景精选示例

9:41 AM
58 %
搜索双11好货
双11主会场
抢100亿购物津贴
狂欢开幕 GO
抢1.7亿红包
抢>
购物津贴
白富美 #这样活，才精致!
年轻就要浪
帅到横扫街头
用拍挥舞青春
AF1的35年
解锁男神装备
美妆尖货
满800减200
美颜扮靓
不只是5折
全部会场
主会场
户外运动控 #生命不息，运动不止
炫酷极客控 #GEEK范，酷毙了!

9:41 AM
搜索双11好货
双11主会场
抢100亿购物津贴
狂欢开箱
抢1.7亿红包
抢>
豆蔻少女 #爱一切的美
吃货的后裔 #不饿，但嘴巴寂寞
国货小当家 #买买买，国国国
美妆尖货
满800减200
手表眼镜
1元秒5折券
美颜扮靓
不只是5折
主会场
全部会场
榜单
我的双11

会场设计的动态化创新

无微不智
运动我最棒
家电榜中榜
9:41 AM
双11全球狂欢节
双11主会场
抢100亿购物津贴
狂欢开幕 GO
抢1.7亿红包 抢>
任性剁手党 #花钱要理由吗
年轻就要浪
帅到横扫街头
解锁男神装备
美妆尖货
满800减200
全部会场
榜单
我的双11
最高12期免息
分期免息
免费抢
双11购物津贴
11.11
立即抢 >

如何有效提高手机坪效？如何有效提升用户关注？我们对页面颈部弹出气泡的动态化体验进行了一系列探索。

灵活自如的气泡交互一方面可以增强会场体感，让用户的视觉体验更加自然；另一方面，弹性动效也增加了业务单元的曝光量，原本在一屏内有限的设计空间，通过这个交互方式，使得更多的内容可以源源不断地涌现出来，这给业务带来了巨大的增量，有效地提升了会场的点击率和点击次数。

然而这么一个小小的气泡交互，在具体实现时，有很多交互布局问题需要思考。气泡如何布局？弹出时间间隔如何？弹出数量如何？……一系列问题都需要仔细推导。另一方面，在气泡弹性动效等交互体感问题的处理上，为了使气泡的操作体感最自然、最接近真实物理感受，我们也用了“最物理”的方式来达成这一体验目标。将整个气泡区域视为均匀介质的密闭容器，将气泡视为均匀密度的物体，再结合物理学运动定律和三角函数，将其提炼为两个坐标换算公式（如下图所示，为了简化公式，在推导过程中我们做了一些近似运算处理）。也就是说，只要知道弹出气泡的大小位置，就可以计算出周围每一个气泡纵轴和横轴偏移的距离，而设计只需调试弹性系数 $G\rho l^2t^2$，即可灵活设置整个区域的弹性效果，无须对每个气泡逐一调整。更重要的是，把弹性公式写进代码里，无论气泡区域的布局如何变换，气泡的弹性动效都能根据换算公式，随着气泡布局快速调整，在保证体验自然的情况下，同时提升产品的灵活性。

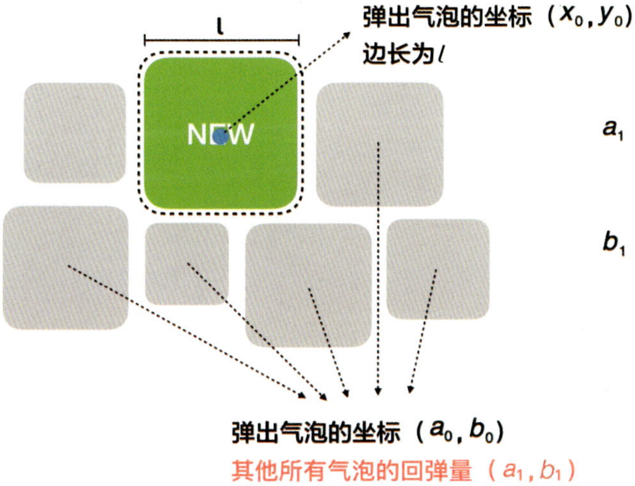

$$a_1 = G\rho l^2 t^2 \times \frac{x_0 - a_0}{\left((b_0 - y_0)^2 + (a_0 - x_0)^2 \right)^{\frac{3}{2}}} + a_0$$

$$b_1 = G\rho l^2 t^2 \times \frac{y_0 - b_0}{\left((b_0 - y_0)^2 + (a_0 - x_0)^2 \right)^{\frac{3}{2}}} + b_0$$

Interacti

ve design

互动设计

INTERACTIVE MARKETING

双11互动营销

互动是具有玩法性质的短期营销产品。又到了一年双11，互动团队一路贯穿整个双11购物节，同时也为双11打头阵，所以互动团队所承担的玩法需要源源不断的创新，激发用户对双11购物节的期待和营销蓄势，让用户参与其中并且把快乐的氛围传递给身边更多的人！

揭幕

双11预热气氛第一弹

揭幕动画是整个双11造势期的第一个互动项目，其目的是通过一个动画视频给用户呈现本次双11的氛围和内容。揭幕动画从双11造势期的第一天开始，在手机淘宝和天猫的首页投放，并持续12天。

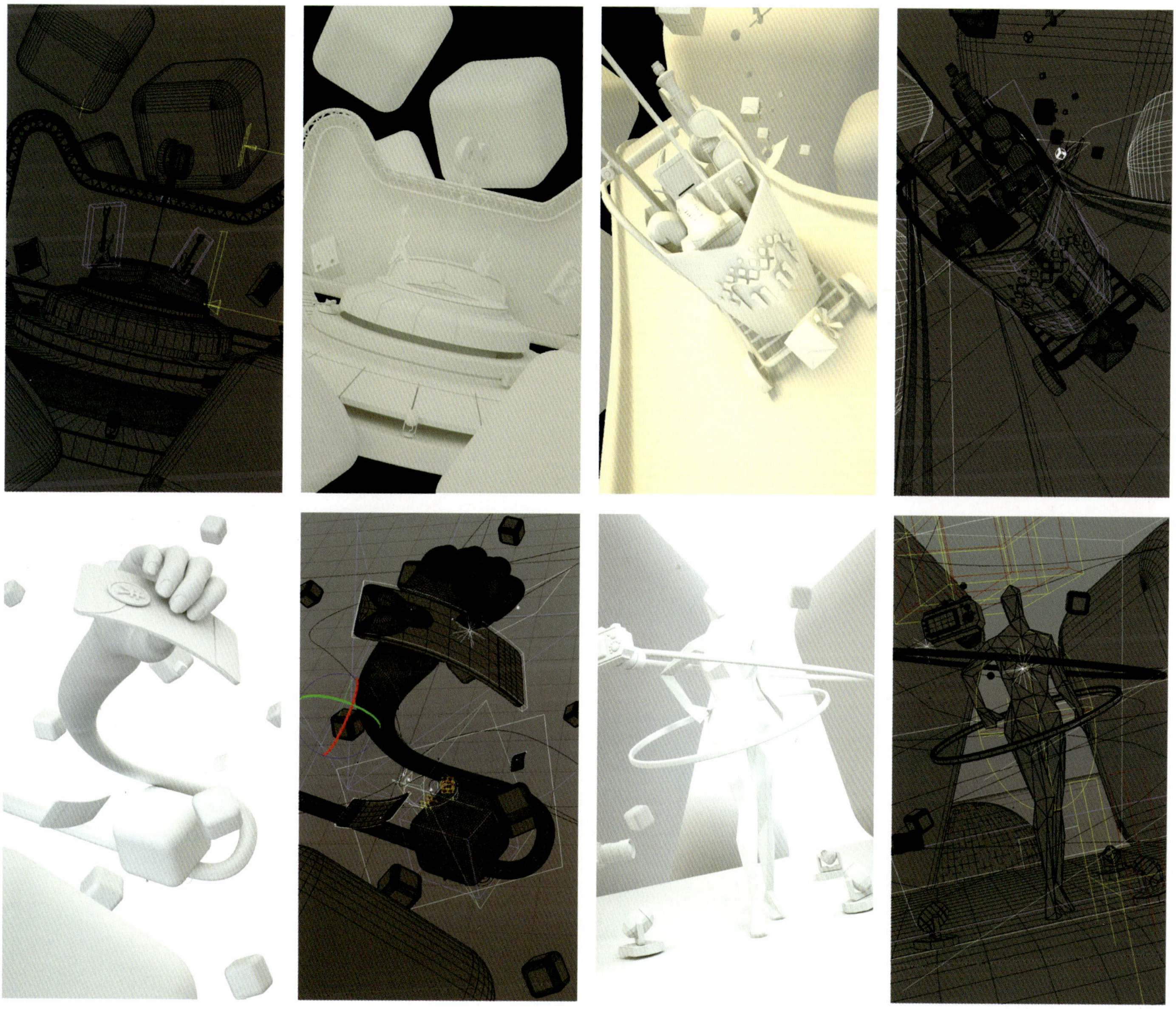

此次揭幕动画配合“火炬红包”上线，开头弹层设计和结尾的定版引入了“火炬”和“传递快乐”的概念。中间20秒的视频则分别展示了双11的4个不同的重要事件。在揭幕动画的4个场景中，都有“点亮”的过程。

场景从一开始的单色基础材质转变为多色彩、高反光、镭射等细节丰富的材质，变化期间还带有光影特效等。

群战队

基于群聊框架的互动玩法

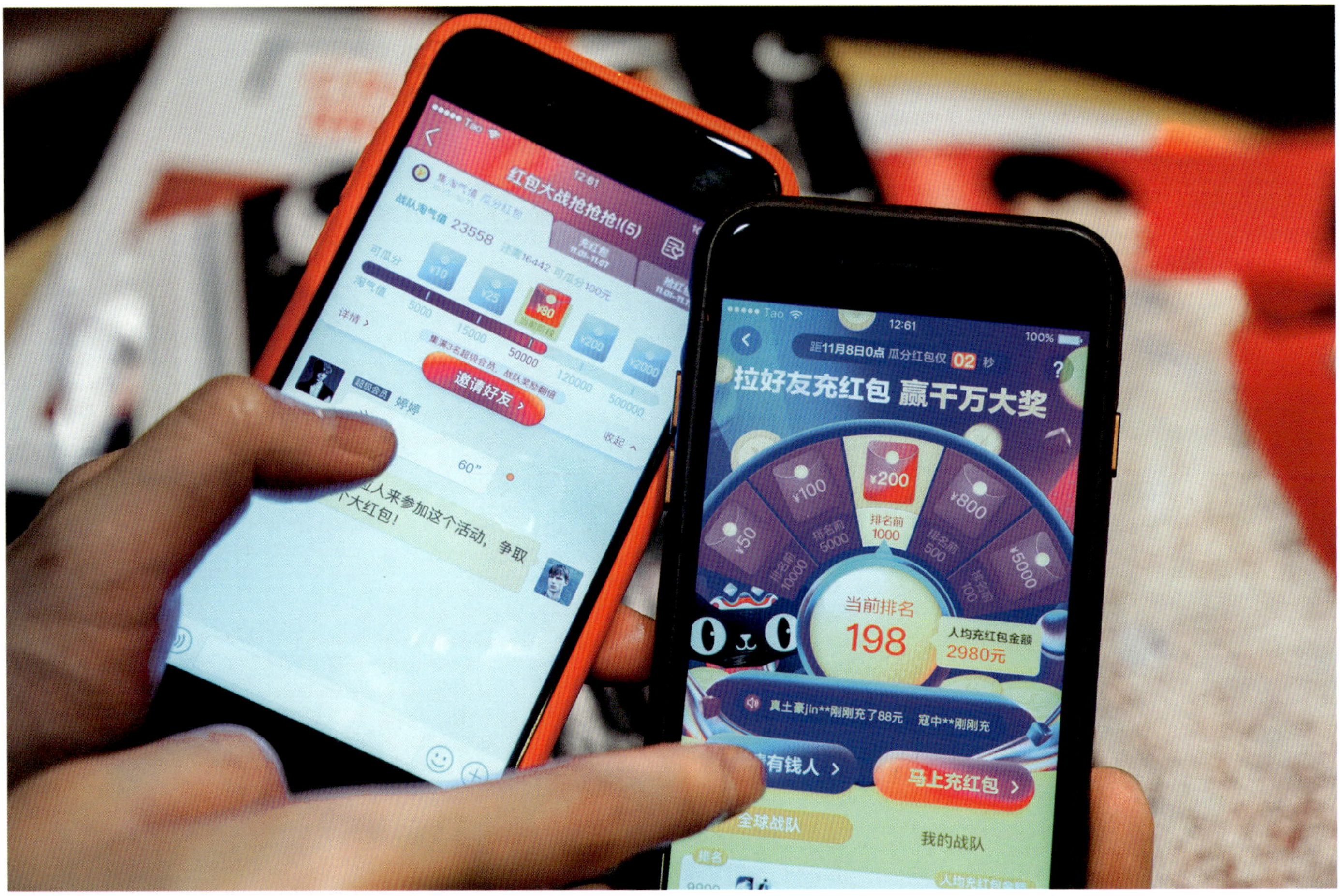

用户在双11期间建立群战队并拉人或者加入他人的群战队，在群聊中参与集淘气值、充红包、店铺凑单满返等活动瓜分红包。提高用户对消息群聊的认知，为手机淘宝完成拉新促活任务。

整个活动分为三个阶段，对应三个核心玩法与一个辅助玩法。

1 ------ 2 ------ 3

集淘气值阶段

用户新建或加入群战队，通过不断拉人集淘气值总额来达成递进的档位，在时间截止后根据达成的档位共同瓜分红包。

充红包阶段

分为充红包核心玩法和膨胀红包辅助玩法。群战队内用户通过充红包，有机会膨胀成为更高额的红包。在时间截止后根据达成的排名档位共同瓜分红包。

店铺凑单满返阶段

用户在群内凑同一品牌店铺的单，累计凑单金额达成店铺任务要求后，可共同瓜分红包。

火炬红包

今天你点亮了吗？

在造势期的阶段，最重要的是能让用户与用户之间产生传播效应，并且生成自循环的长期互动能力，火炬红包的玩法应运而生。它以C2C传播的广度为重点，打造全民参与、口口相传、具有持续热度的准现象级互动为目标，达成实现低活用户召回、双11持续性造势的结果。

而我们在设计火炬红包过程中的一个重要原则就是：简单、易得、易传播。不同于日常基础链路产品设计，有大量用户操作经验参考，可以不断在原有的积累经验中去迭代优化设计。互动型产品一般生命周期较短，并且是一种心得玩法，用户参与会有一定的学习和理解成本，所以简单原则是非常重要的设计理念。

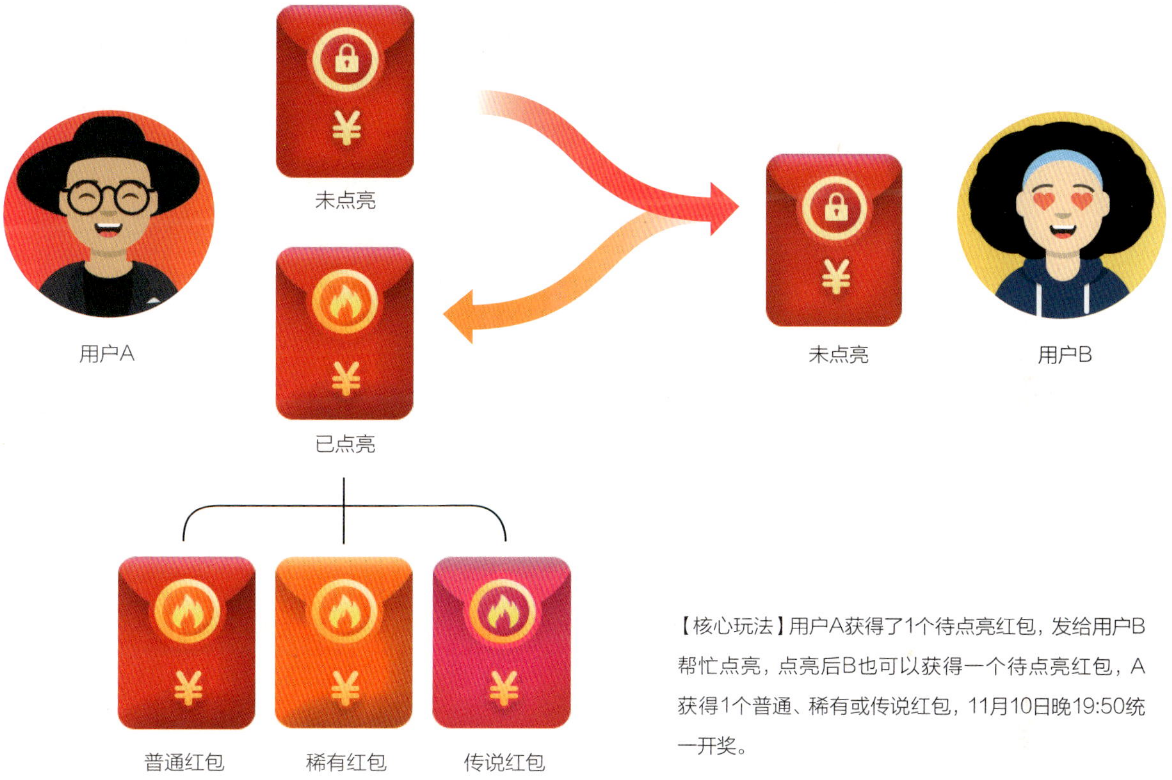

【核心玩法】用户A获得了1个待点亮红包，发给用户B帮忙点亮，点亮后B也可以获得一个待点亮红包，A获得1个普通、稀有或传说红包，11月10日晚19:50统一开奖。

在简单的玩法理念下，为了满足用户在多场景都可以参与互动，设计上也增加了进阶的面对面场景互动，增强用户之间玩法的趣味性。

狂欢桌面

分流到店的七天狂欢容器

到了11月1日互动产品的前期召回用户已经达到一定规模，是时候让用户去发现更好的商品与商家产生互动了，狂欢桌面的设计也自然而生。狂欢桌面是一款以引导用户进店，为商家店铺带来流量的趣味发红包互动APP。

于2017年11月1日-7日在手机淘宝及天猫上线，为双11持续造势。用户通过点击界面中的品牌icon进入店铺，店铺内可以玩语音游戏拿红包。同时，用户每进入10次店铺可获得5次老虎机抽奖机会。

逛满10个品牌，抽大奖
海尔
拉夏贝尔
蒙牛
佰草集
海澜之家
李宁
全棉时代
百雀羚
海信
联合利华
施华蔻
格力
华为
罗莱生活
欧莱雅
宝洁洗护
杰克琼斯
Camel骆驼
荣耀手机
飞利浦
九阳
美宝莲
水星家纺
顾家家居
我的奖品
主会场
随机逛 赢红包
品牌墙
换一批
品牌墙
狂欢桌面App
立即下载
我的品牌名称
进入店铺
收藏
家装汽车
美妆个护
食品生鲜
运动户外
珠宝配饰
潮流女装
大牌男装
鞋履箱包
推荐
家居家纺
母婴玩具
数码家电
更多
大奖时刻 概率翻倍
你有5次抽奖机会
倒计时 300s
点击抽奖
P&G
超级天猫精灵
真可惜，答错了
错过了一次抽奖机会，答案是海飞丝
。你真调皮，你是真的不知道，还是在
故意逗我玩呢?
继续答题

切红包

让用户玩着游戏拿红包。

在双11预热期最后3天，通过更有趣、更有参与感的方式发放红包为双11造势。通过定时的游戏让用户参与游戏并得到红包；通过冠名奖池及结果页的引导可以将流量分发到相关店铺完成定向引流及流量变现。

NIKE
4000万红包
即将5来袭
adidas
本场红包冠名赞助商
全场五折，适跑而行

线下装置——造云机

造云机的诞生，是黑科技与品牌概念的完美融合。也是我们特意把品牌概念中的OPEN，打开盒子的惊喜带到了线下，在传递概念的同时，也成为了一个出色的病毒话题。

品牌元素

天猫（形象物） 快递盒（行业形象物）

主题元素

双11快乐 打开、惊喜

▼

猫咪

▼

礼物盒

▼

制造快乐云朵的萌猫魔法快递盒-快乐造云机

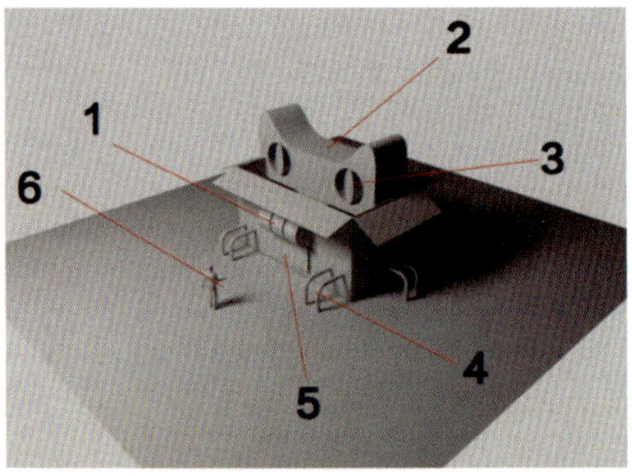

造云机设定草图

1. 摇彩获得礼物的位置
2. 云朵机云朵飘出位置
3. 天猫的眼睛
4. 玻璃管道（内含彩色体）
5. 交互显示器
6.收音设备

造云机设定草图

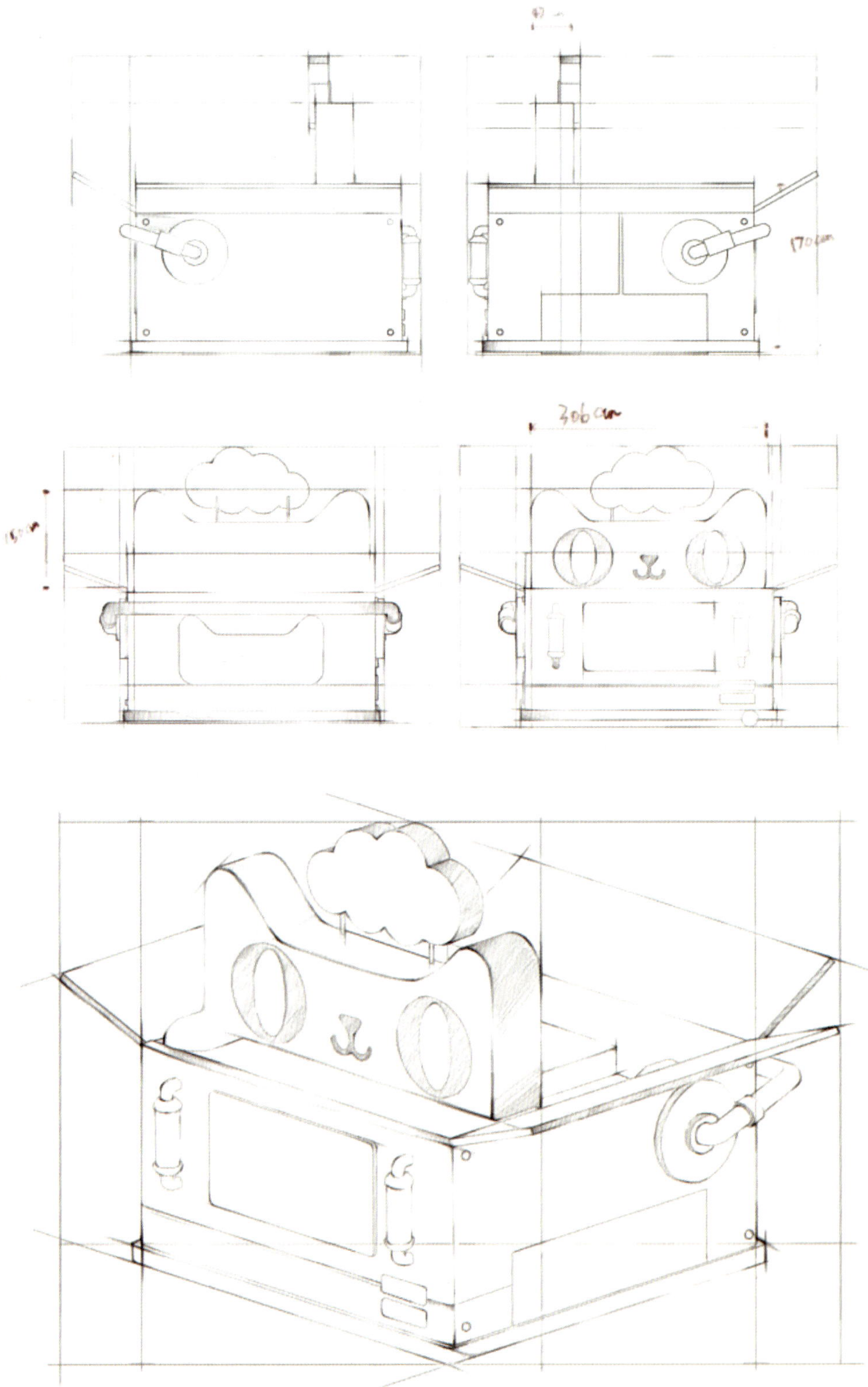

造云机效果图

快乐造云机
2017 GLOBAl SHOPPING FESTIVAL

2017
GLOBAl SHOPPING FESTIVAL
11.11
全球狂欢节
2017
Thank You!

FESTIVAL

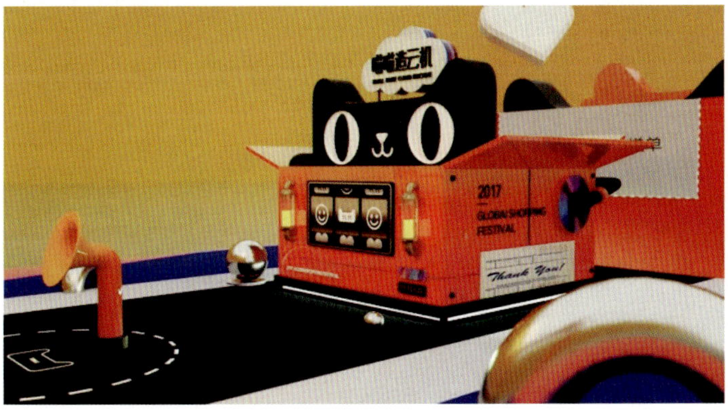
2017
GLOBAl SHOPPING FESTIVAL
Thank You!

2017
GLOBAl SHOPPING FESTIVAL
TMALL
Thank You!
玩法详

交互设定我叫你一声你敢应吗？

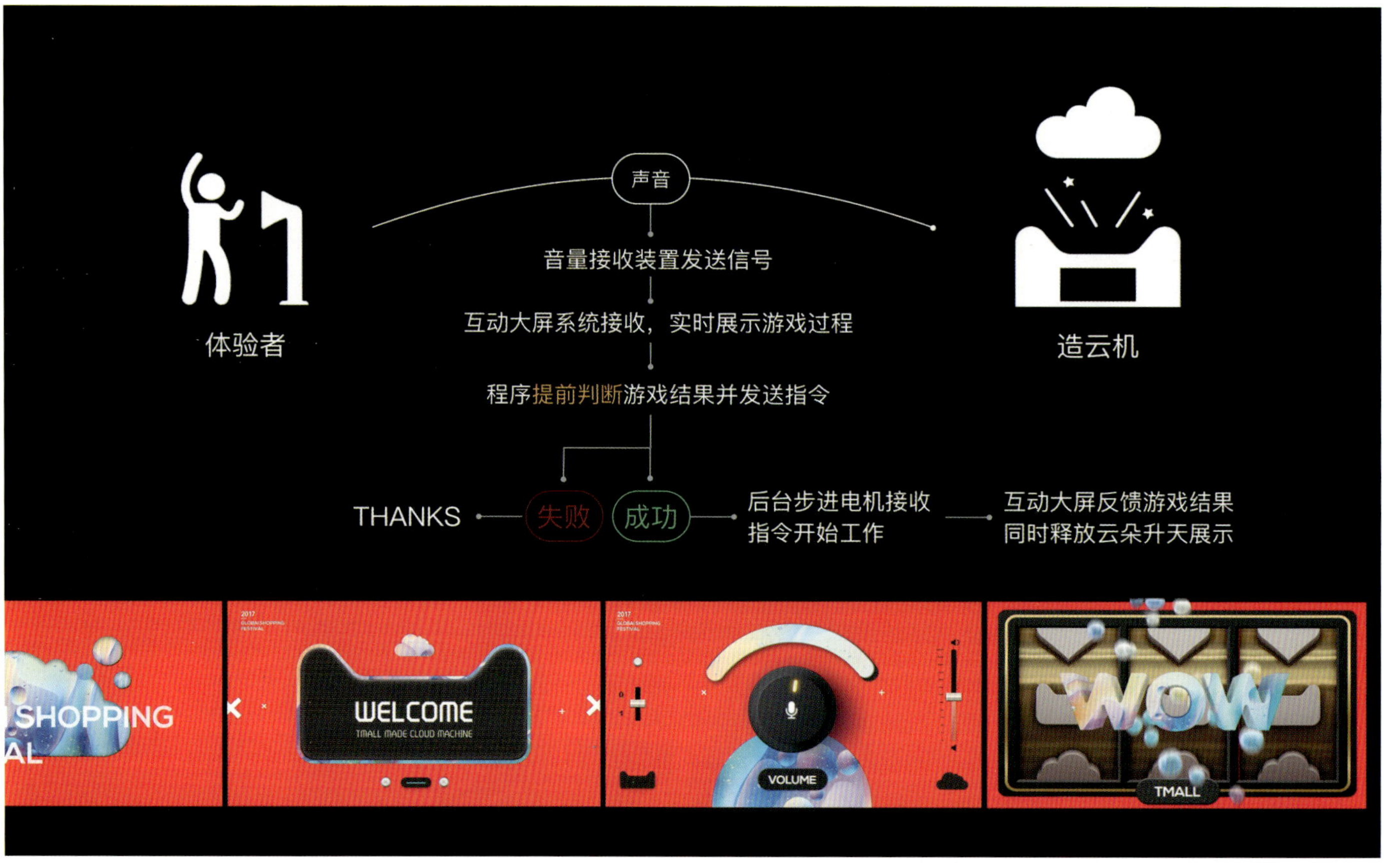

造云机安装花絮

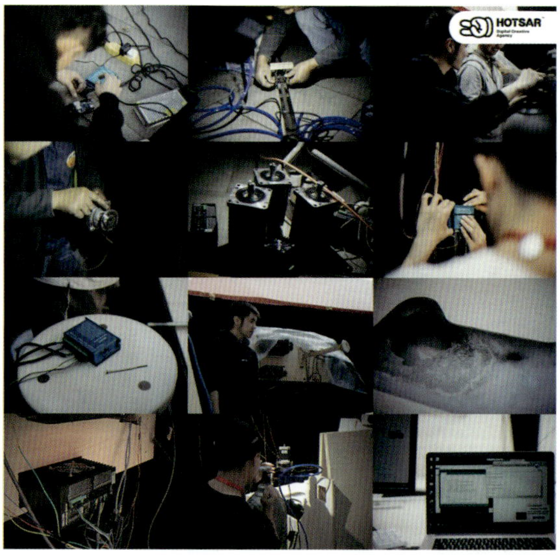

造云机开放日人

形象空间——扭蛋屋

双11粉丝们的拍照空间（网红墙），记录着节日气氛下的美好回忆。扭蛋的互动售卖，则会在节日前三天正式开启，将氛围推向高潮。

互动气氛加码

11月9日扭蛋屋开始在这个氛围空间里正式营业，设计师亲自导演了这场饥饿营销。限量版双11公仔通过扭蛋机进行首发。

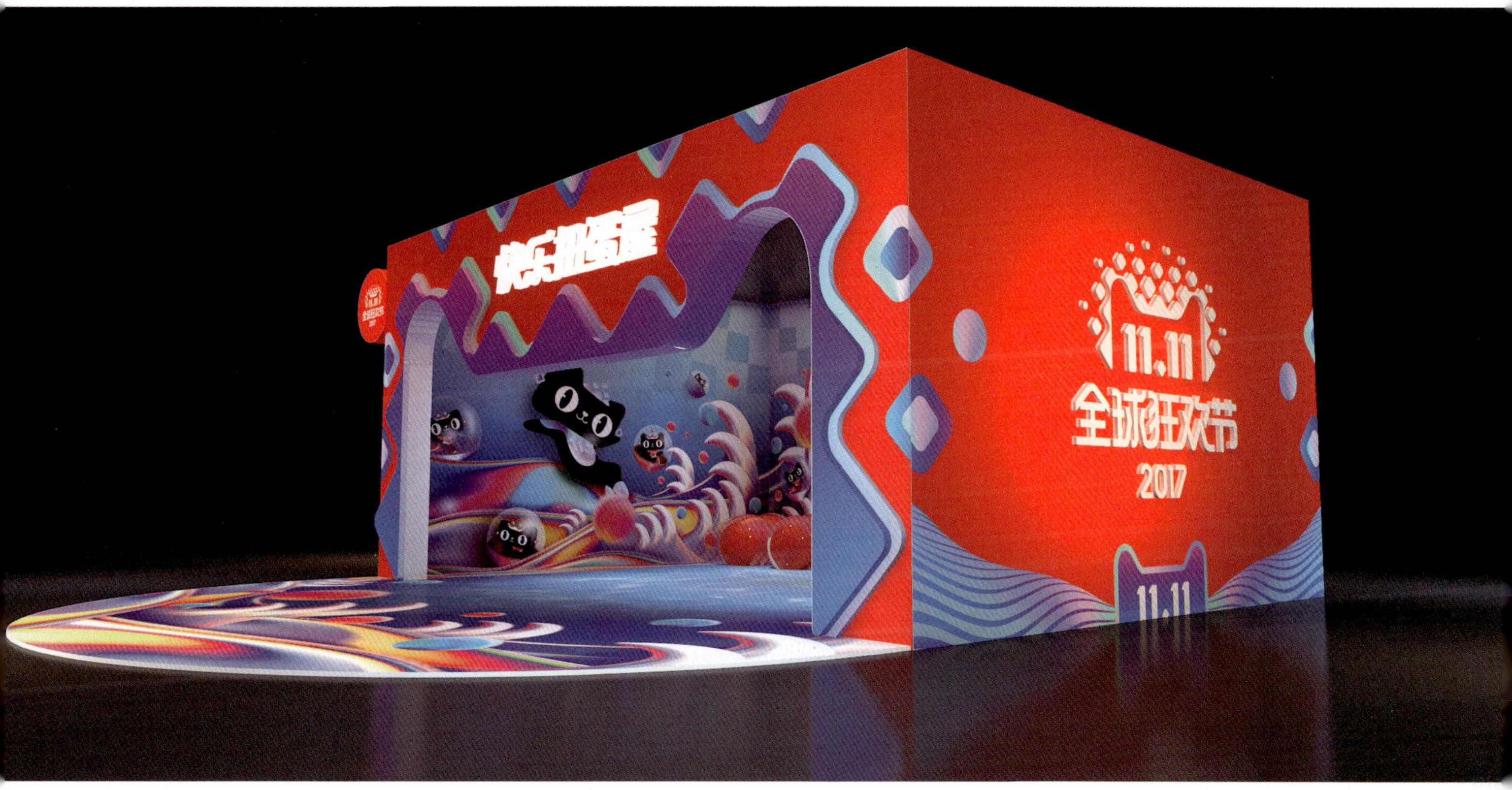
快乐扭蛋屋
11.11
全球狂欢节
2017
11.11

双11快乐
自助兑币机
金额
元
币数
枚

祝你
双11快乐

Entertainn

ent design

娱乐设计

GALA NIGHT

天猫双11狂欢夜

天猫双 11 狂欢夜已经是全球最具影响力的商业名片，我们希望它同时也是一场向全世界秀出中国互联网技术肌肉的晚会。未来，天猫双 11 狂欢夜还会加速推动科技、商业、娱乐三者的融合，不断释放全球影响力。

在这样的背景下，2017 年的双 11 狂欢夜的商业诉求在不断攀升，品牌营销方式进一步升级，随之而来的是对设计体验上的更高要求。

我们认为阿里巴巴主办的具有科技含量的晚会，必须让移动端唱主角，但是由于技术和设备的限制，目前我们晚会的传统核心内容仍然在现场和电视屏幕。随着移动端视觉增强技术的发展，我们洞察到，晚会核心的舞台节目可以基于此技术在移动端得到更好的体验。我们觉得节目核心内容也会随着技术的发展越来越多地往移动端转移。在现场、电视以外，我们可以开辟一个新的维度、一个新的空间，观众将随时随地身临其境地观看到节目的增强内容，得到新的体验。

场景
以“第三空间”为概念的视觉风格创新

互动玩法围绕电视屏和手机屏跨屏进行，而 2017 年则以“太空舱”“穿越”“能量显示屏”为视觉设计关键词，在手机上打造了一个“第三空间”，充满科技感和神秘感。在整体视觉设计上，界面分为互动区和赞助商区两大区块，所有赞助商坑位都采用了强拟物的科技感容器承接，形成一种品牌能量汇合注入到互动区块的感受。在细节表达上，精细雕琢了能量条、荧光管、电子投屏等设计元素，提供了更多细节体验。

相对应的，晚会分别在开始、结束和直播状态转换的过程中提供了揭幕动画、闭幕动画和穿越转场视频。配合整体科技风格，设计了多种科幻元素细节，给用户从时空隧道进入外星太空舱参与双 11 盛大开幕 Party，然后返回地球买买买的狂欢体验。最后，闭幕动画以“祝你双 11 快乐”的字样和音效结尾，正式开启双 11 狂欢节。

闭幕动画——晚会结束的同时，舱门再次打开，满载“快乐”能量的飞船飞向天猫星球，快乐的能量在星球蔓延开来，“祝你双11快乐”的字样在星球间环绕，双11狂欢入口开启。

玩法——从“AR、跨屏、全民参与”出发的互动升级和创新

在 2016 年跨屏抢“星”衣成功尝试的基础上，2017 年围绕 AR、跨屏和全民参与三个角度打造了一整套创新互动玩法，在可玩性、商业承接效果和产品化沉淀上都有所突破。

多屏互动：明星到你家

“明星到你家”采用了最新的虚拟现实框架 AR Kit，实现了明星亲临所有用户家中的梦幻体验。与普通 AR 玩法单机体验不同，“明星到你家”通过节目编排和手机 AR 互动的设计，营造了手机屏和电视屏可互通、可穿越的交互玩法。在互动中，用户可与明星合影并分享，明星也会为用户带来“人人公益 3 小时”活动。

深度参与节目：Yes or No

“Yes or No”是 2016 年红黑押宝的升级玩法。但与后者单次参与就要长时间等待不同，“Yes or No”通过每轮三次的竞猜，用户将真正全程参与到台上明星节目中，一起挑战高难度项目，赢取权益。同时，三次竞猜将可能得到三个宝箱，为用户提供了更多参与和赢取奖品的机会。

神秘的马老师

作为双11狂欢夜最大的彩蛋，马老师的节目一直处于保密状态，在项目执行时间上有很大的不确定性。不过，得益于前期整体视觉风格和模块的建立，从拿到方案到最后执行产出不过三天时间。

预热造势，猜明星互动海报

西門
来晚会为我
打CALL哟!
vivo
天猫双11狂欢夜
2017
11.10 19:40 浙江卫视 北京卫视 深圳卫视 优酷

HAPPY
来晚会为我
打CALL哟!
vivo
天猫双11狂欢夜
2017
11.10 19:40 浙江卫视 北京卫视 深圳卫视 优酷

来晚会为我
打CALL哟!
vivo
天猫双11狂欢夜
2017
11.10 19:40 浙江卫视 北京卫视 深圳卫视 优酷

来晚会为我
打CALL哟!
vivo
天猫双11狂欢夜
2017
11.10 19:40 浙江卫视 北京卫视 深圳卫视 优酷

来晚会为我
打CALL哟!
vivo
天猫双11狂欢夜
2017
11.10 19:40 浙江卫视 北京卫视 深圳卫视 优酷

来晚会为我
打CALL哟!
vivo
天猫双11狂欢夜
2017
11.10 19:40 浙江卫视 北京卫视 深圳卫视 优酷

11·10
19:40
手机淘宝搜索双11晚会，了解更多内幕
距双11晚会
还有9天
有你想知道的 所有秘密
天猫双11狂欢夜
11.10 19:40 浙江卫视 北京卫视 深圳卫视 优酷
11.10 19:40 浙江卫视
手机淘宝搜索双11晚会
距天猫双11晚
天
王嘉尔

COUNTDOWN

摇一摇
1元
GO
摇一摇 1元购
666
vivo
天猫双11狂欢夜
2017
11.10 19:40 浙江卫视 北京卫视 深圳卫视 优酷
YOUKU
双11晚会
倒计时
4
天
KRIS
祝吴亦凡
生日快乐
vivo
天猫双11狂欢夜
11.10 19:40 浙江卫视 北京卫视 深圳卫视 优酷
手机淘宝搜索双11晚会，了解更多内幕
REC
直播2.5亿红包共享
vivo
天猫双11狂欢夜
2017
11.10 19:40 浙江卫视 北京卫视 深圳卫视 优酷
手机淘宝搜索双11晚会，了解更多内幕
双11晚会
流行音乐教父
法瑞尔·威廉姆斯
中国首秀
倒计时
5
天
19:40
11.10
vivo
天猫双11狂欢夜
2017
11.10 19:40 浙江卫视 北京卫视 深圳卫视 优酷

FAN BINGBING
演员 范冰冰
来晚会给我打CALL哟!
11月10日 19:40
vivo
天猫双11狂欢夜
2017
浙江卫视 北京卫视 深圳卫视 优酷 联合直播

LEBRON JAMES
勒布朗·詹姆斯
LeBron James
只为
坚不可摧
11月10日 19:40
vivo
天猫双11狂欢夜

ZHANG XING YUE
深圳卫视主持人 张星月
来晚会给我打CALL哟!
11月10日 19:40
vivo
天猫双11狂欢夜

KAREN MOK
全栖才女 莫文蔚
为你唱
一台晚会
11月10日 19:40
vivo
天猫双11狂欢夜

LANG LANG
国际钢琴巨星 郎朗
来晚会给我打CALL哟!
11月10日 19:40
vivo
天猫双11狂欢夜

YU LU
指挥大师 俞潞
来晚会给我打CALL哟!
11月10日 19:40
vivo
天猫双11狂欢夜

CELINA JADE
三栖女神 卢靖姗
来晚会给我打CALL哟!
11月10日 19:40
vivo
天猫双11狂欢夜

MICKEY HUANG
知名男主持 黄子佼
来晚会给我打CALL哟!
11月10日 19:40
vivo
天猫双11狂欢夜

TRAEY MILEY
颜值学霸 关晓彤
来晚会给我打CALL哟!
11月10日 19:40
vivo
天猫双11狂欢夜

HAMAN
王牌主持 华少
来晚会给我打CALL哟!
11月10日 19:40
vivo
天猫双11狂欢夜

TAMIA LIU
刘涛
来晚会给我打CALL哟!
手机淘宝首页直接摇一摇，抢门票!
vivo
天猫双11狂欢夜

LIN GENGXIN
全方位演员 林更新
来晚会给我打CALL哟!
11月10日 19:40
vivo
天猫双11狂欢夜

SU BINGTIAN
百米飞人 苏炳添
来晚会给我打CALL哟!
11月10日 19:40
vivo
天猫双11狂欢夜

PATTY HOU
知名女主持 侯佩岑
来晚会给我打CALL哟!
11月10日 19:40
vivo
天猫双11狂欢夜

ZHANG BING XIAN
新锐主持人 张秉涵
来晚会给我打CALL哟!
11月10日 19:40
vivo
天猫双11狂欢夜

YANG DI
表情帝 杨迪
来晚会给我打CALL哟!
11月10日 19:40
vivo
天猫双11狂欢夜

ZHENG KAI
小猎豹 郑恺
来晚会给我打CALL哟!
11月10日 19:40
vivo
天猫双11狂欢夜

手机淘宝搜索双11晚会，了解更多内幕
俄罗斯 网球名将
MARIA SHARAPOVA
vivo
天猫双11狂欢夜
全世界的美好，就在这一晚
11.10 19:40
浙江卫视 北京卫视 深圳卫视 优酷 联合直播

手机淘宝搜索双11晚会，了解更多内幕
维密超模 何穗
SUI HE
vivo
天猫双11狂欢夜
全世界的美好，就在这一晚
11.10 19:40
浙江卫视 北京卫视 深圳卫视 优酷 联合直播

手机淘宝搜索双11晚会，了解更多内幕
法国 巨型人偶秀
DUNDU
vivo
天猫双11狂欢夜
全世界的美好，就在这一晚
11.10 19:40
浙江卫视 北京卫视 深圳卫视 优酷 联合直播

手机淘宝搜索双11晚会，了解更多内幕
奥斯卡影后
NICOLE KIDMAN
vivo
天猫双11狂欢夜
全世界的美好，就在这一晚
11.10 19:40
浙江卫视 北京卫视 深圳卫视 优酷 联合直播

手机淘宝搜索双11晚会，了解更多内幕
美国 流行音乐教父
PHARRELL WILLIAMS
vivo
天猫双11狂欢夜
全世界的美好，就在这一晚
11.10 19:40
浙江卫视 北京卫视 深圳卫视 优酷 联合直播

手机淘宝搜索双11晚会，了解更多内幕
以色列 读心术大师
LIOR SUCHARD
vivo
天猫双11狂欢夜
全世界的美好，就在这一晚
11.10 19:40
浙江卫视 北京卫视 深圳卫视 优酷 联合直播

手机淘宝搜索双11晚会，了解更多内幕
英国 流行音乐天后
JESSIE J
vivo
天猫双11狂欢夜
全世界的美好，就在这一晚
11.10 19:40
浙江卫视 北京卫视 深圳卫视 优酷 联合直播

手机淘宝搜索双11晚会，了解更多内幕
美国 蓝人秀
BLUEMAN SHOW
vivo
天猫双11狂欢夜
全世界的美好，就在这一晚
11.10 19:40
浙江卫视 北京卫视 深圳卫视 优酷 联合直播

手机淘宝搜索双11晚会，了解更多内幕
德国 机器人乐队
COMPRESSORHEAD
vivo
天猫双11狂欢夜
全世界的美好，就在这一晚
11.10 19:40
浙江卫视 北京卫视 深圳卫视 优酷 联合直播

手机淘宝搜索双11晚会，了解更多内幕
爱尔兰 大河之舞
RIVER DANCE
vivo
天猫双11狂欢夜
全世界的美好，就在这一晚
11.10 19:40
浙江卫视 北京卫视 深圳卫视 优酷 联合直播

手机淘宝搜索双11晚会，了解更多内幕
美国 NBA巨星
LEBRON JAMES
vivo
天猫双11狂欢夜
全世界的美好，就在这一晚
11.10 19:40
浙江卫视 北京卫视 深圳卫视 优酷 联合直播

手机淘宝搜索双11晚会，了解更多内幕
巴西超模 维密天使
LAIS RIBEIRO
vivo
天猫双11狂欢夜
全世界的美好，就在这一晚
11.10 19:40
浙江卫视 北京卫视 深圳卫视 优酷 联合直播

TMALL COLLECTION

天猫双11全球潮流盛典

天猫双11全球潮流盛典，是双11系列活动中具有商业娱乐性质的时尚 IP。活动包括线下时装走秀和线上多平台首播。“即秀即买”的模式作为活动核心亮点，在今年进行全新升级，实现“边看边试边买”。同纽约时装周的战略合作，更被视为全球时尚界的重磅惊喜。

设计的着力点在于打造预热阶段虚拟试衣互动分享、直播中边看边买边试的顺滑体验以及活动会场，使全球潮流盛典成为全球品牌、明星和消费者、粉丝消费娱乐互动的最好纽带。

明星海报

30+BRANDS
4 MEGA-TRENDS
CELEBRITIES
SUPER MODELS
NYFW OFFICIAL
PARTNERSHIP
TMALL
COLLECTION
天猫双11全球潮流盛典
2017
10月31日 21:00
七大平台同步首播
@天猫

30+BRANDS
4 MEGA-TRENDS
CELEBRITIES
SUPER MODELS
NYFW OFFICIAL
PARTNERSHIP
TMALL
COLLECTION
天猫双11全球潮流盛典
2017
10月31日 21:00
七大平台同步首播
@天猫

30+BRANDS
4 MEGA-TRENDS
CELEBRITIES
SUPER MODELS
NYFW OFFICIAL
PARTNERSHIP
30+场时尚大秀
4大潮流趋势
明星超模领衔演绎
纽约时装周强势加盟
TMALL
COLLECTION
天猫双11全球潮流盛典
2017
10月31日 21:00
七大平台同步首播
@天猫

30+BRANDS
4 MEGA-TRENDS
CELEBRITIES
SUPER MODELS
NYFW OFFICIAL
PARTNERSHIP
30+场时尚大秀
4大潮流趋势
明星超模领衔演绎
纽约时装周强势加盟
TMALL
COLLECTION
天猫双11全球潮流盛典
2017
10月31日 21:00
七大平台同步首播
@天猫

30+BRANDS
4 MEGA-TRENDS
CELEBRITIES
SUPER MODELS
NYFW OFFICIAL
PARTNERSHIP
TMALL
COLLECTION
天猫双11全球潮流盛典
2017
七大平台同步首播
@天猫

30+BRANDS
4 MEGA-TRENDS
CELEBRITIES
SUPER MODELS
NYFW OFFICIAL
PARTNERSHIP
TMALL
COLLECTION
天猫双11全球潮流盛典
2017
10月31日 21:00
七大平台同步首播
@天猫

30+BRANDS
4 MEGA-TRENDS
CELEBRITIES
SUPER MODELS
NYFW OFFICIAL
PARTNERSHIP
30+场时尚大秀
4大潮流趋势
明星超模领衔演绎
纽约时装周强势加盟
TMALL
COLLECTION
天猫双11全球潮流盛典
2017
21:00
七大平台同步首播
@天猫

30+BRANDS
4 MEGA-TRENDS
CELEBRITIES
SUPER MODELS
NYFW OFFICIAL
PARTNERSHIP
30+场时尚大秀
4大潮流趋势
明星超模领衔演绎
纽约时装周强势加盟
TMALL
COLLECTION
天猫双11全球潮流盛典
2017
10月31日 21:00
七大平台同步首播
@天猫

30+BRANDS
4 MEGA-TRENDS
CELEBRITIES
SUPER MODELS
NYFW OFFICIAL
PARTNERSHIP
30+场时尚大秀
4大潮流趋势
明星超模领衔演绎
纽约时装周强势加盟
TMALL
COLLECTION
天猫双11全球潮流盛典
2017
10月31日 21:00
七大平台同步首播

概念出街

纽约 - 摩登实用 / 伦敦 - 任性混搭 / 米兰 - 未来美学 / 巴黎 - 有机优雅

互动分享

大牌走秀款试衣互动，伴随线上活动预热，打开声量。

概念终稿

线上会场

边看边试边买

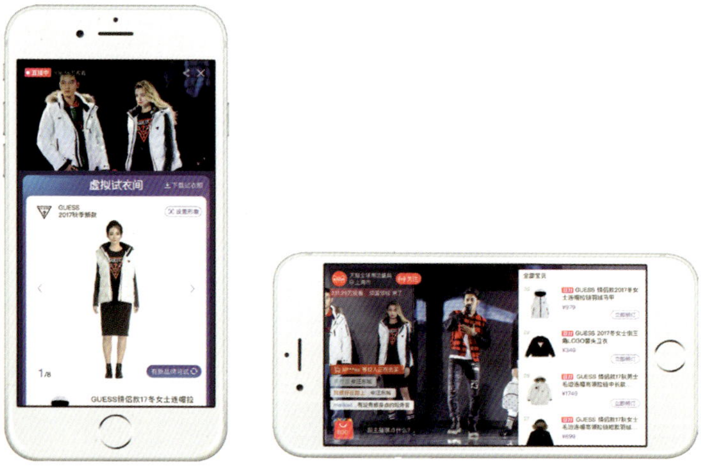

边看边试边买，为品牌和消费者提供了一个全新的互动方式：

消费者能够直观地看到走秀款的试穿效果，体验不停试穿新款的乐趣。

四大时尚趋势与走秀品牌展示

走秀环节内容介绍

30 家国际国内一线大牌、奢侈品品牌及设计师品牌的创意表演和 T 台走秀；

根据主视觉风格延展明星海报设计及活动场地设计布置。

TMALL
COLLECTION
天猫双11全球潮流盛典
2017

TMALL
COLLECTION

TMALL
COLLECTION
2017

Schwarzkopf
施华蔻
Schwarzkopf
施华蔻
TMALL
COLLECTION
天猫双11全球潮流盛典
2017

Pr

ospects

前瞻业务

GLOBAL SHOPPING FESTIVAL

2017全球化再次升级

2017 年全球化再次升级，全球买、全球卖、全球付、全球运、全球游，5 个全球化战略构建借双 11 的人气，正式起航。天猫国际全球包机、天猫超市全球餐桌、飞猪全球游一站式的服务心智，以及 lazada& aliexpress 的海外活动，在全球不同国家和地区构建共同的双 11 节日。

全球买
天猫国际包机直达

双 11 期间天猫国际通过包机直达项目首次尝试新业务模式领域，突破供应链局限，为业务带来更多新模式沉淀，同时让用户感受 12 天原汁原味的全球地道生活体验，打造最匠心的品质精神 + 极致化的物流服务消费升级模式。

中国移动 4G
14:34
100%
天猫国际
10.20-10.23
搬空全球生活
10.24-10.27
抢空全球鲜味
10.28-10.31
扫空全球时尚
双11来啦
搬空全球生活
第1站·全球智能 包邮包税
AIR
全球直达
产地直采
海外仓
全球直达
最快5日达
今日必买尖货
CHOICE OF THE DAY
Global! Living
搬空全球科技
就要快
香港仓发货
蓝牙耳机头戴
乔布斯最爱音箱品牌
包税
满299减60
¥1298.0
¥2298.0
Hot
尖货
香港仓发货
中国移动 4G
10.20-10.23
搬空全球生活
抢空
第2站
产地直采
GLOBAL Delicacy
抢空欧式餐食
就要小资!

天猫国际
10.20-10.23 搬空全球生活
10.24-10.27 抢空全球鲜味
10.28-10.31 扫空全球时尚
双11来啦
扫空全球时尚
第2站·美国潮品 包邮包税
AIR
全球直达
产地直采
海外仓
全球直达
最快5日达
今日必买尖货
CHOICE OF THE DAY
Hello! America
扫空美国潮流
就要前卫
洛杉矶仓直达
BeoPlay A1蓝牙音箱
乔布斯最爱音箱品牌
包税
满299减60
¥198.0
¥298.0
尖货
欧洲德国仓发货

传播海报

天猫双11快乐 × 天猫国际
「 看到的世界未必真实，
但我听到的一定是真的。 」
赢潮酷活动门票
顶级WEC赛车&潮流音乐节
天猫
全球直达

天猫双11快乐 × 天猫国际
「 总有一天，
要当一回梦想缔造者。 」
挑战全球底价
尽享梦想之乐
天猫
全球直达

天猫双

天猫双11快乐 × 天猫国际
お休み
Buonanotte
晚安
Bonne nuit
Boa noite
Good night
「 梦里是平行的空间，
跟全世界说晚安。 」
独家专供款
匠心缔造好睡眠
天猫
全球直达

天猫双

猫国际

天猫双11快乐 × 天猫国际
「全球狂欢，
享受无国界购物体验。」
美国大牌尖货
共享同款同价
天猫 全球直达

天猫双11快乐 × 天猫国际
「世界很大，值得为每次
跨越国界的相遇而干杯。」
独供酒品，限量首发
天猫 全球直达

天猫双11快乐 × 天猫国际
「带来记忆中的美好滋味。」
独供新品首发
实惠尝鲜味
天猫 全球直达

猫国际

天猫双11快乐 × 天猫国际
「搜罗全世界，
总想给TA更好的。」
全球同步首发
新鲜健康好滋味
天猫 全球直达

天猫双11快乐 × 天猫国际
「药妆革命，
让美肤多一种选择。」
安瓶新品首发
先世界而行
天猫 全球直达

天猫双11快乐 × 天猫国际
「育娃有道，爱无国界。」
日本地道限定款
与全球宝妈同享
天猫 全球直达

全球买——超市全球餐桌

双11
天猫超市
城市专享日
享时令新鲜·巴西
活动规则
舌尖桑巴
满159减50 今日开抢
全球理想餐桌

双11
天猫超市
城市专享日
享时令新鲜·东南亚
活动规则
热带果林
满159减50 今日开抢
INVO COCONUT WATER
全球理想餐桌

双11
天猫超市

双11
天猫超市
城市专享日
享时令新鲜·墨西哥
活动规则
森林派对
满159减50 今日开抢
全球理想餐桌

双11
天猫超市
城市专享日
享时令新鲜·新西兰
活动规则
阳光能量
满159减50 今日开抢
安佳
Anchor
全球理想餐桌

双11
天猫超市

活动
规则

双11
天猫超市
城市专享日
享时令新鲜·智利
活动
规则
神奇果实
双11提前嗨 今日开抢
全球
理想餐桌

双11
天猫超市
城市专享日
享时令新鲜·美国
活动
规则
深海盛宴
满159减50 今日开抢
全球
理想餐桌

活动
规则

双11
天猫超市
城市专享日
享时令新鲜·加拿大
活动
规则
极地餐桌
满159减50 今日开抢
全球
理想餐桌

双11
天猫超市
城市专享日
享时令新鲜·澳大利亚
活动
规则
谷饲大师
满159减50 今日开抢
全球
理想餐桌

全球卖

在东南亚，Lazada 可以触达 6 亿消费群体；在美国、欧洲和澳大利亚，AE 速卖通的海外用户超过 1 亿。

双 11 的节日狂欢逐渐蔓延到全球更多区域，这也意味着面向国际的设计走进新的时代。

Lazada 双11
KOL导购页 & 品牌闪购页

Lazada
双11造势期首页

联合海外五个国家上百个大牌商家，在造势期进行为期十天的倒计时预热。

Lazada
双11预热期首页

预热期爆款秒杀、支付优惠等特殊玩法及利益点透出。

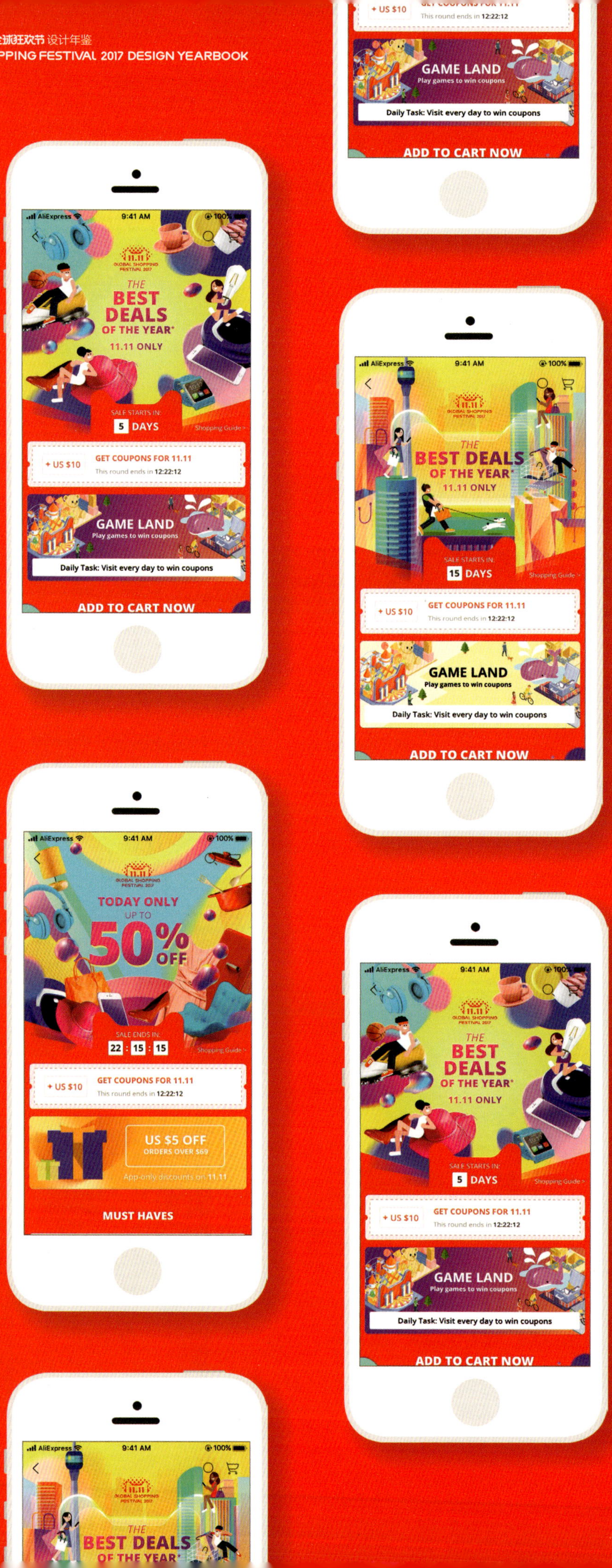

GLOBAL SHOPPING FESTIVAL

AE 双11主会场

全球用户的相聚、融合、迸发。

GLOBAL SHOPPING FESTIVAL

AE 双 11 主会场

丰富的商品、多彩的生活。

SHOUT FOR COUPON

用户用声音参与的互动游戏，设计上和现实高度结合，展现趣味性。

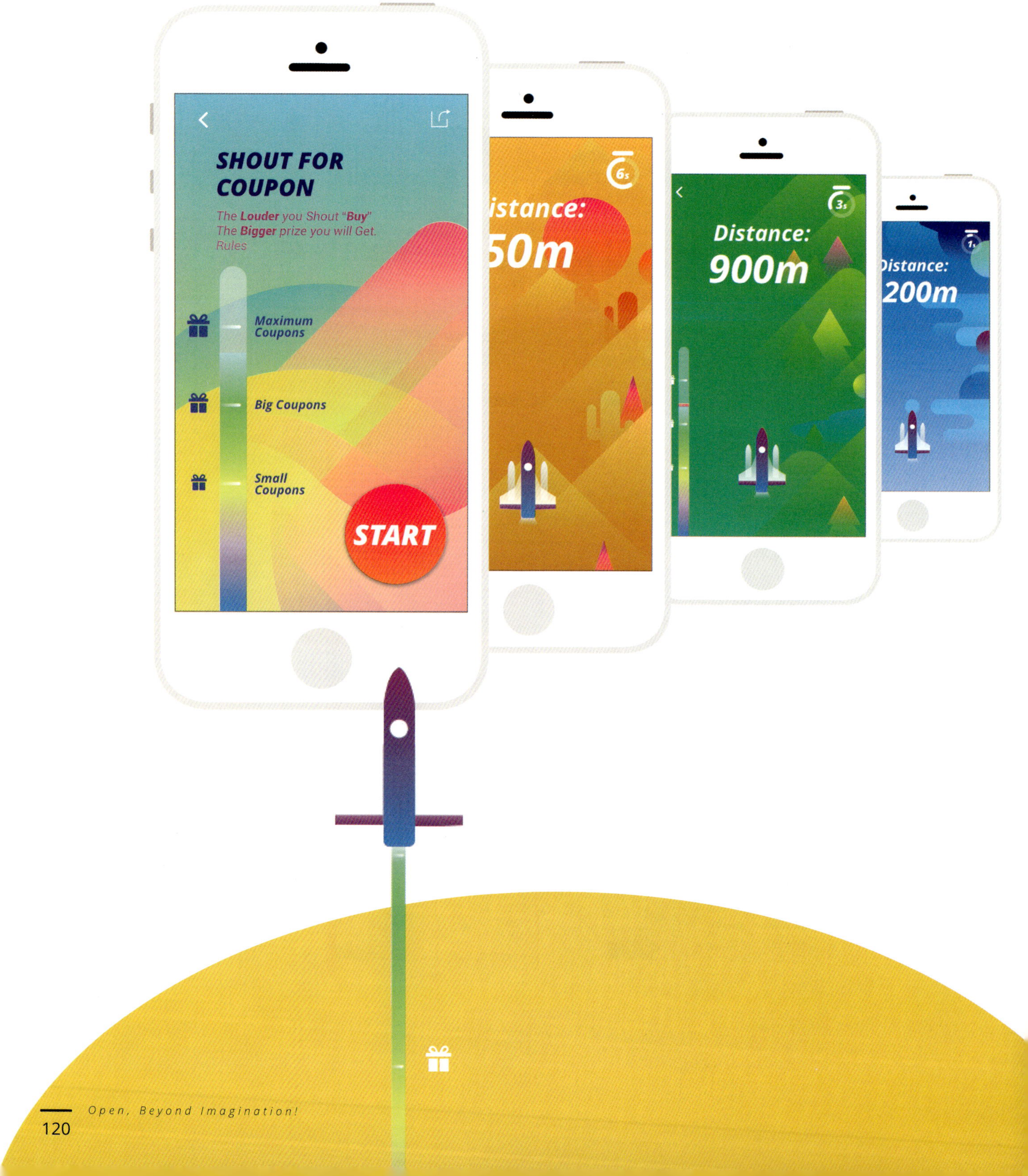

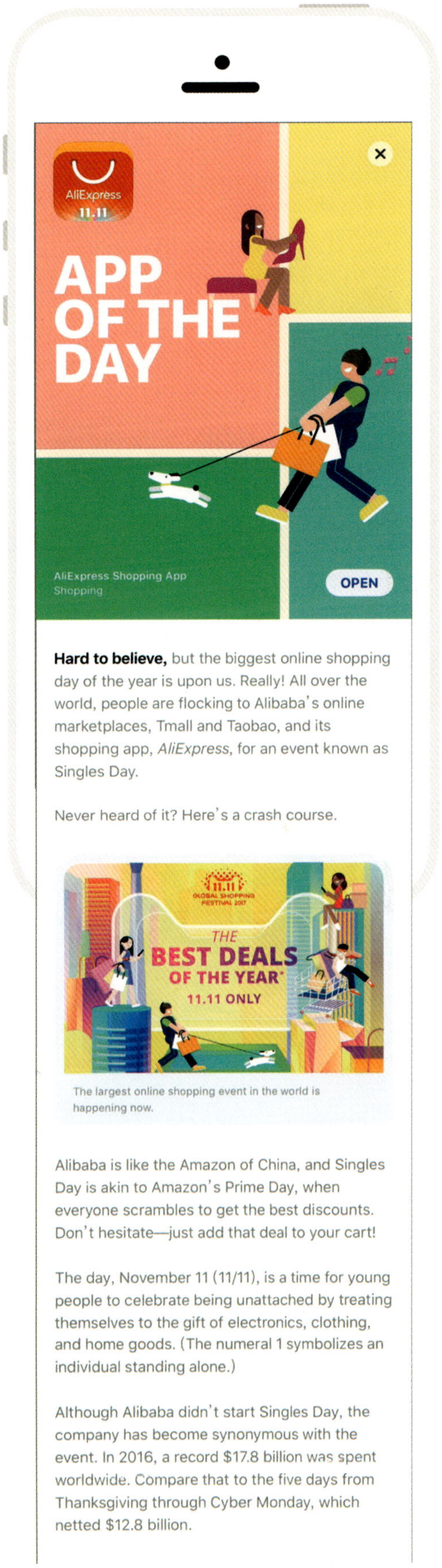

APP STORE TODAY

双 11 当天，苹果将 AliExpress 推荐到美国 App Store 的首页。

飞猪全球游
享受大不同

Flying Pig tours every corner of the globe.

Enjoy a new experience.

飞猪双11多维度页面展现

页面多维度展现利益点，信息分层更清晰的同时高效分流。

飞猪双11主会场

强化飞猪品牌渗透，体现“飞猪全球游，享受大不同”的旅游心智。

飞猪双11APP首页动效胶囊

多形式APP首页动效胶囊为双11主会场引流。

NEW RETAIL
新零售 在身边

2017 年的双 11，被提起最多的除了交易额 1 682 亿外，更有“新零售”，这是一次以数据赋能，重构人货场的大演练。
消费者、品牌、商家各方资源大协同，形成“共振”。
覆盖 58 个商圈、58 个品牌快闪店、近 10 万家智慧门店，线上 & 线下全方位打造一场狂欢盛宴。

ESTĒE LAUDER
ESTĒE LAUDER

主KV设计

延续 2017 年双 11 的核心元素与视觉风格，包括 Logo 品牌色、版式以及整体气氛，将品牌内核很好地在线下进行演绎。从 Open 的概念去探索新的表现与刺激，让消费者可以感受到扑面而来的欢乐。

但因为线下场景的不同、玩法的不同，延续不等于简单复制，需要进行差异化的设计。

主要的差异化在于：

① 场景的碎片化

线下用户的注意力更为分散，点位密度不可控，要求物料之间的氛围感和统一性非常强烈。

② 媒介的距离感

无论海报、易拉宝，还是电子大屏，用户与媒介之间的物理距离增加了，因此在设计上会更关注整体性，包括整体的冲击力、信息的传递。

③ 玩法的立体

线下玩法更立体，捉猫猫互动、品牌快闪、智慧门店等。玩法的多样性也意味着设计需要更大的包容度，需要有效传达，形成心智上的串联。

④ 品控的复杂性

物料的下发和品控链路非常复杂，需要尽可能降低培训成本、时间成本和人力成本。

共振”商家——10 万家智慧门店

智慧门店

智慧门店作为新零售的实体标杆，帮助品牌和商家实现商品、订单、客流、交易和会员的全域数字化，并基于一系列解决方案，进行人货场的精准匹配。

而对于消费者来讲，在享受到活动优惠的同时，又能体验到新技术带来的安心与便利，使购物的体验升级。

门店物料设计

物料设计要将产品逻辑所呈现的功能以及活动玩法，转化成用户易懂的语言，并能够清晰、可视化引导用户轻松参与活动、高效完成操作。在动线设计上，物料点位的部署，起到引流、截流、促进成交以及最终转化的作用。

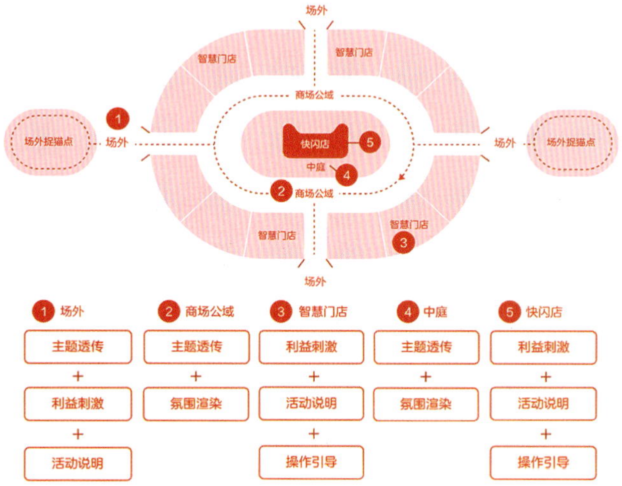

“共振”品牌——58 个品牌快闪店

品牌快闪店设在中庭，是 Mall 的黄金区域，在不同阶段蓄势。

预热期

通过快闪店预热盒子聚集人气，通过将近 100 平方米的大礼盒造型设计与礼盒上的流行网络语，瞬间成为 Mall 的焦点。礼盒上的扫码区域能够吸引更多用户参与互动。

正式期

开启天猫双 11 快闪店，实现三维立体化线下店铺，扫码领取红包在双 11 当天引爆全场，并结合黑科技实现产品全方位展示和互动。

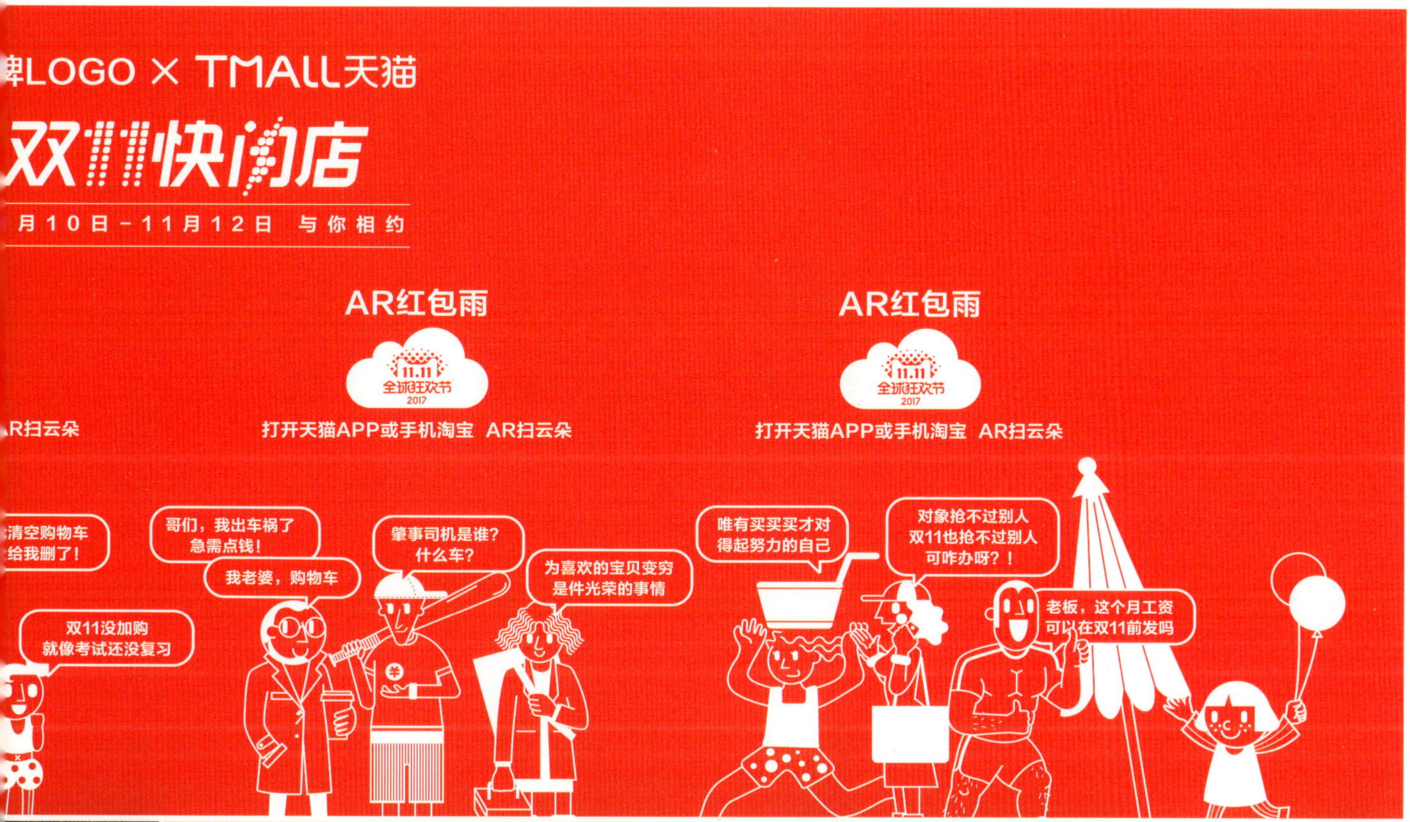
LOGO × TMALL天猫
双11快闪店
月10日－11月12日 与你相约
AR红包雨
11.11 全球狂欢节 2017
打开天猫APP或手机淘宝 AR扫云朵
AR红包雨
11.11 全球狂欢节 2017
打开天猫APP或手机淘宝 AR扫云朵
R扫云朵
清空购物车
给我删了！
双11没加购
就像考试还没复习
哥们，我出车祸了
急需点钱！
我老婆，购物车
肇事司机是谁？
什么车？
为喜欢的宝贝变穷
是件光荣的事情
唯有买买买才对
得起努力的自己
对象抢不过别人
双11也抢不过别人
可咋办呀？！
老板，这个月工资
可以在双11前发吗

美赞臣 × TMALL天猫
双11快闪店
美赞臣
无人货架
百年美赞臣 致力于给宝宝最好的开始
双11快闪店

CLARINS
双11快闪店

“共振”消费者 捉猫猫互动游戏

通过捉猫猫互动游戏凝聚人气，把线上的流量转换成线下商圈的客流。双11当天，庞大的捉猫族包围了商场，红包带来的关联消费，也为商场带来了全新的营销思路。

捉猫猫的游戏设计还涉及地图的 lbs、3d 模型、美宣插画等比较前沿的领域设计。

敬畏线下

今年是新零售爆发的一年，对商业潜力的释放还有漫长的路。Retail=Detail，本次我们在设计、跟踪和巡店的过程中，深刻体会到每一处细节把控的重要性，对线下心怀敬畏之心。

Family

双11家族

淘宝嘉年华主视觉

延续双11整体风格的基础上，加入淘宝元素。

采用主会场+行业会场的方式。

淘宝嘉年华行业日

将淘宝特色商品通过“有间老店”和“值得买”

两个特色会场进行包装并传达给消费者。

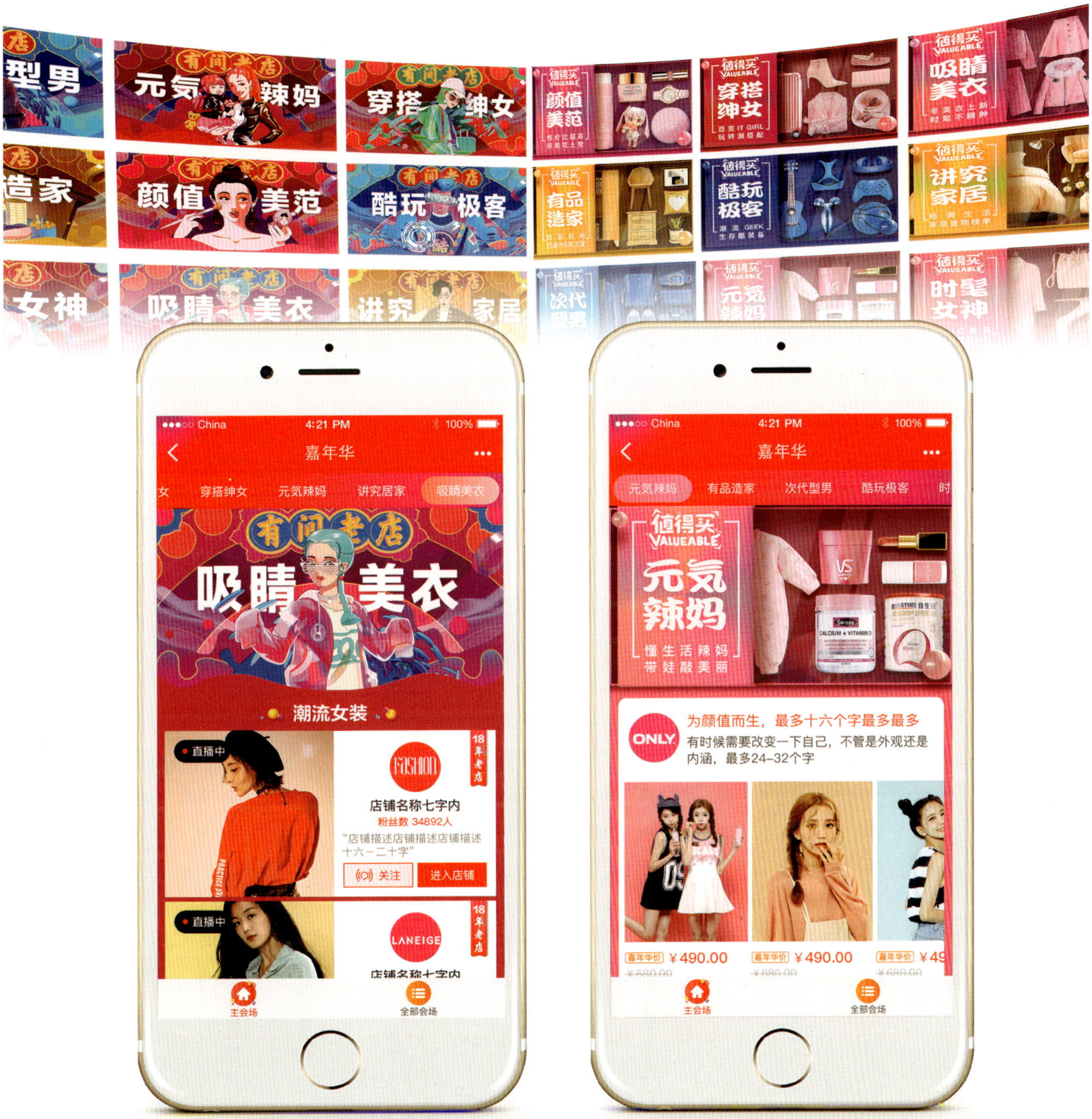

聚划算双11品牌超级海景房

预热期间聚划算联合50余个大牌商家，在会场版头区域进行10天分批次的集中引流。

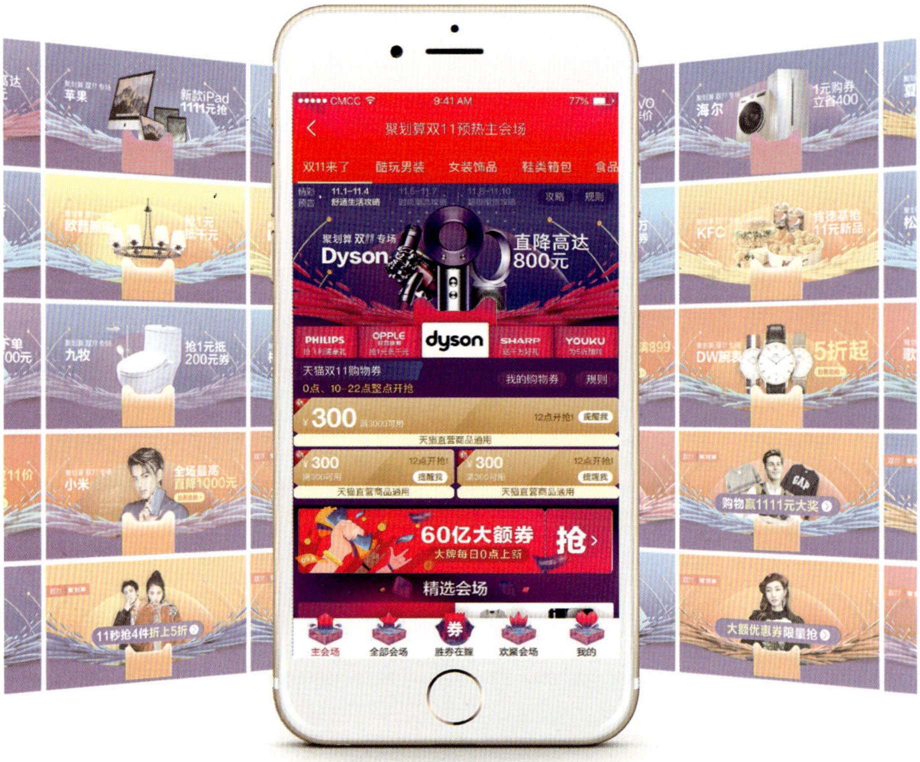

聚划算双11正式开卖会场

聚划算双11胜券在握抽券玩法

在特定节点汇聚品牌权益、集中引爆。

聚划算双11特色玩法（必须买&舍得买）

将聚划算“精选好货不用挑”的心智通过“必须买”和“舍得买”两个特色玩法进行包装并传达给消费者。

阿里妈妈

“双11 all in” 品牌落地到版头。

一淘

双11 一淘
GLOBAL FASHION FESTIVAL
购省够狂欢

双11 一淘
GLOBAL FASHION FESTIVAL
全民囤货日
百草味品牌代言人：杨洋

双11 一淘
时尚潮搭日
伊芙丽品牌代言人：何穗

双11 一淘
口碑榜单日
博朗剃须刀代言人：黄轩

双11 一淘
数码家电
不止2折 领券立减再返

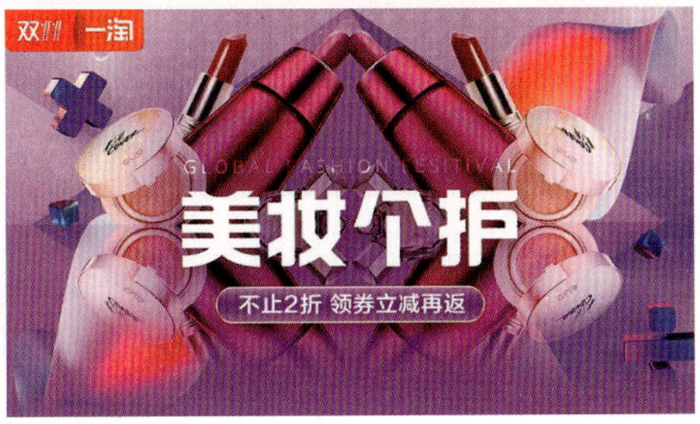
双11 一淘
美妆个护
不止2折 领券立减再返

双11 一淘
大牌运动
不止2折 领券立减再返
adidas品牌代言人：彭于晏

农村淘宝

农村淘宝双11主会场爆发页面，通过卡通人物形象与用户产生共鸣，体现双11欢快热闹的会场氛围。

PC VISUAL

APP
HOME PAGE

2017年农村淘宝双11爆发期APP的视觉呈现，使用立体人物形象和用户产生共鸣，并一起加入狂欢节中。

大吉中奖画面

中吉中奖画面

小吉中奖画面

每日抽签启动画面

SHOPPING COUPON

双11APP优惠券会根据用户每天不同运气的抽奖结果，为用户提供一定额度的优惠。

菜鸟双11主视觉

2017 .11.11

“放心买，我们早已准备好”
动态系列海报设计

2017上海新零售云图

新零售共生圈——城市、人、商业。

品牌榜

理想生活上天猫，橱窗化场景展现线上线下大融合。

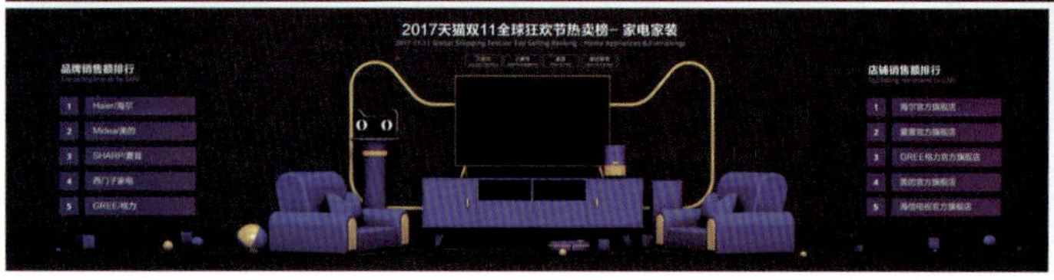

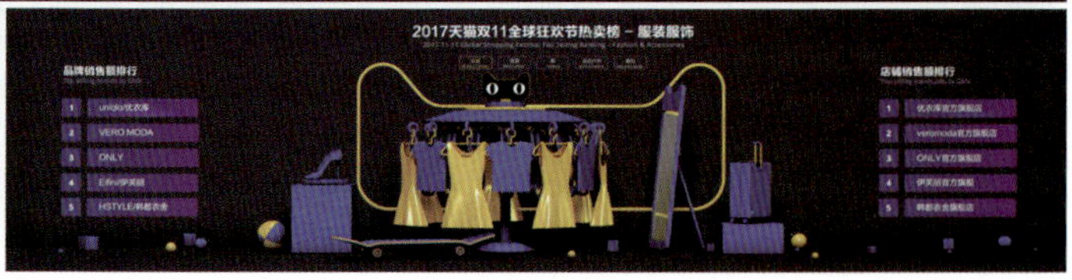

区域经济屏

引爆媒体互动与传播。

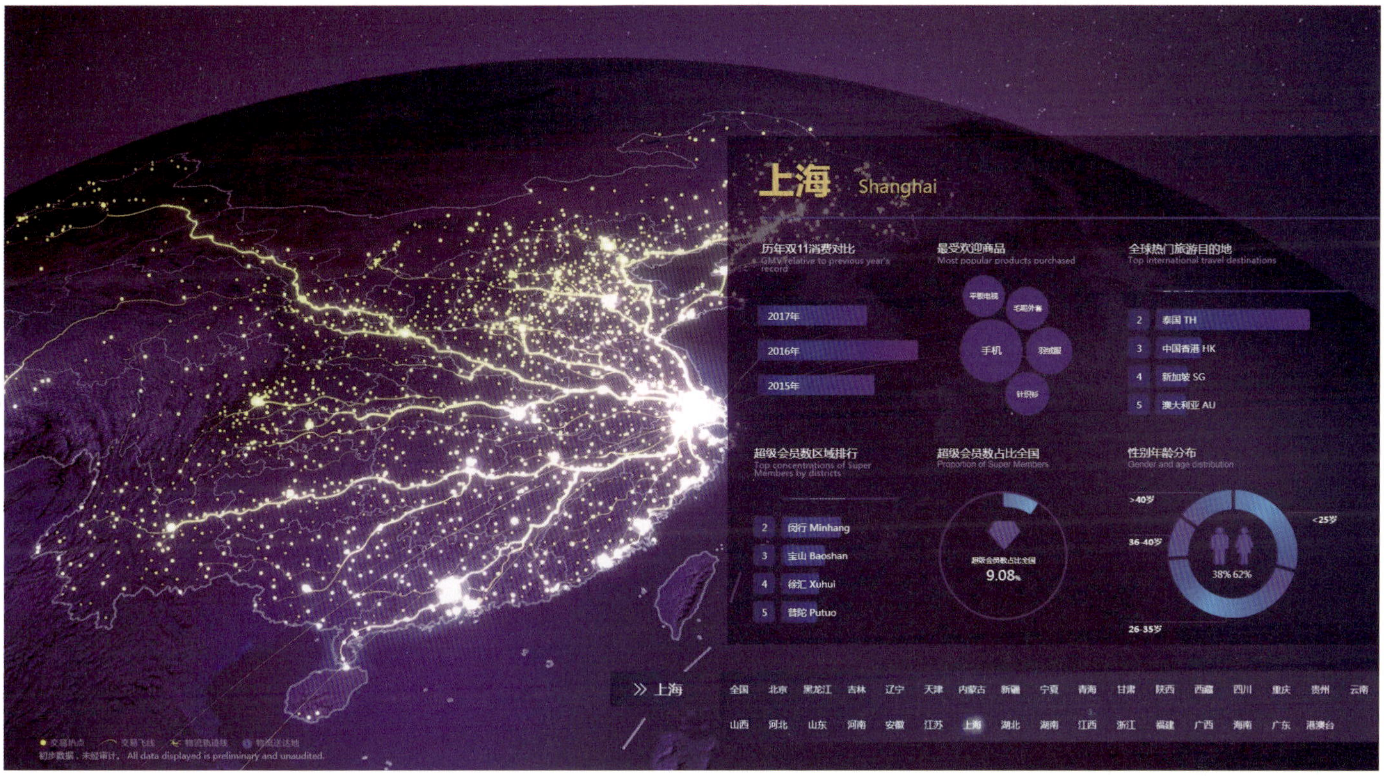

战略屏

战略和业务的窗口，承载品牌、城市、全球。

盒马双11正式期

正式期的主会场主要以会场分流、爆款加购为主，线上、线下视觉统一。

盒马双11预热

结合天猫双11镭射元素和盒马的无穷大元素贯穿整个活动。

预热期用盒马超人的形象作为主视觉，突出盒马云超业务——上海B2C外环内可配送。

盒马双11正式期

盒马超人的配送箱在正式期爆发，突出品类丰富、价格惊爆的商品。同时线上、线下视觉统一，突出统一的双11氛围。

双11阿里巴巴全球贸易采购节

PC、无线端首页营销氛围呈现

多会场主页面

Ends in 2 : 23 : 59 : 59
11.11 GLOBAL SOURCING FESTIVAL
SAVE UP TO 50%
DON'T MISS OUT

Ends in 2 : 23 : 59 : 59
11.11 GLOBAL SOURCING FESTIVAL
FREE SHIPPING
DON'T MISS OUT

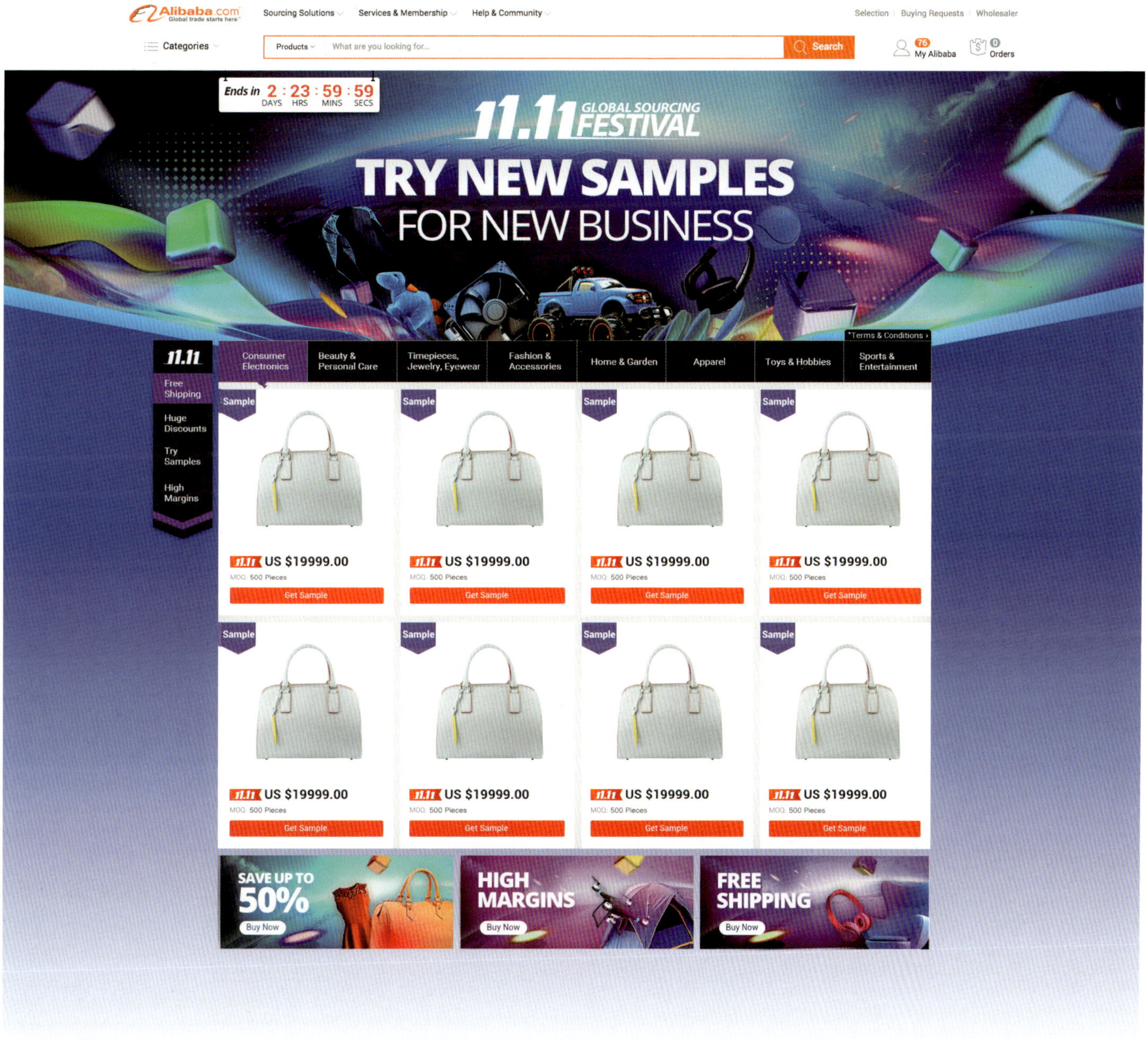
Alibaba.com
Global trade starts here
Sourcing Solutions
Services & Membership
Help & Community
Selection
Buying Requests
Wholesaler
Categories
Products
What are you looking for...
Search
76
My Alibaba
0
Orders
Ends in 2 : 23 : 59 : 59
DAYS HRS MINS SECS
11.11 GLOBAL SOURCING FESTIVAL
TRY NEW SAMPLES
FOR NEW BUSINESS
*Terms & Conditions ›
11.11
Free Shipping
Huge Discounts
Try Samples
High Margins
Consumer Electronics
Beauty & Personal Care
Timepieces, Jewelry, Eyewear
Fashion & Accessories
Home & Garden
Apparel
Toys & Hobbies
Sports & Entertainment
Sample
11.11 US $19999.00
MOQ: 500 Pieces
Get Sample
SAVE UP TO 50%
Buy Now
HIGH MARGINS
Buy Now
FREE SHIPPING
Buy Now

Brands

双11商家

双11商家设计

商家在双11的设计也是阿里设计关注的焦点，同一份狂欢，同一份喜悦！
ACE 作为本次双11商家设计的最高荣誉，也是吸引了很多品牌方的报名。

设计工匠奖

ALIBABA ACE

DESIGN

AWARD

手绘原创奖

ALIBABA ACE

DESIGN

AWARD

设计风尚奖

ALIBABA ACE

DESIGN

AWARD

乐众玩具专营店

飞越客男装旗舰店

卫龙食品旗舰店

亚丹旗舰店

锦时亨海外专营店

盛放旗舰店

老金磨方旗舰店

小米官方旗舰店

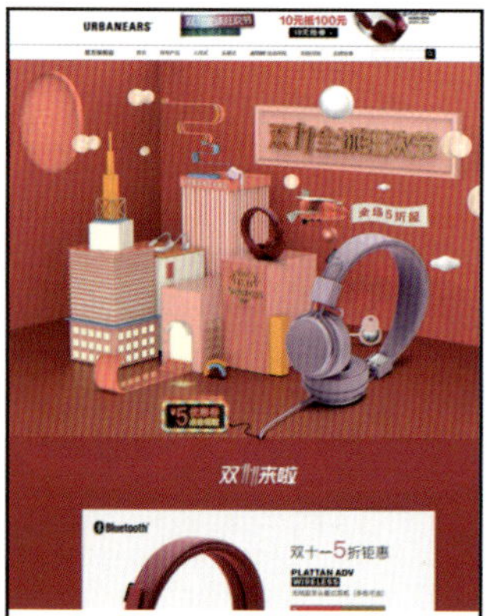

urbanears 旗舰店

卓玛泉旗舰店

双立人飞鱼秀专卖店

迈域汽车用品专营店

ibaby 旗舰店

木九十官方旗舰店

百草味旗舰店

众之杰数码专营店

sanitauza 旗舰店

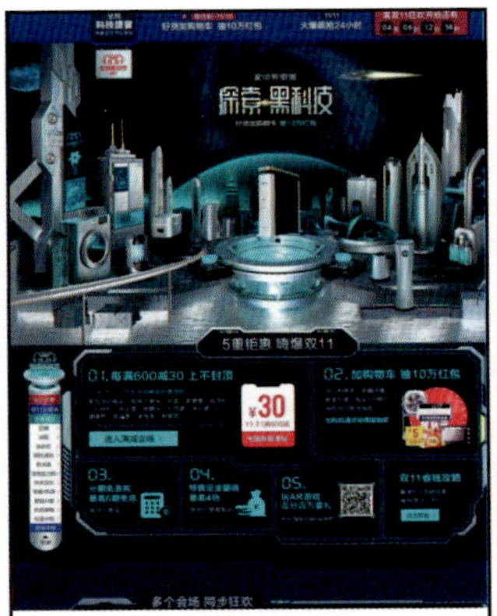

美的官方旗舰店

ostelin 海外旗舰店

美的生活电器旗舰店

纳爱斯官方旗舰店

恺丰手表专营店

舒芯居旗舰店

罗尚旗舰店

MOCO 光方旗舰店

卡贝锁具旗舰店

无限能旗舰店

百颐年旗舰店

周大生旗舰店

墨小巧玩具专营店

第一卫旗舰店

特步官方旗舰店

鎏金礼颂
GUER
法国

澎湃美力
CHANDO
自然堂
祝你双11快乐

百事就现在
Pepsi

IN
祝你双11快乐

你双11快乐

满载缤纷 | havaianas 祝你双11快乐

科技美学 | dys

天赋尽现 | 启赋3 祝你双11快乐

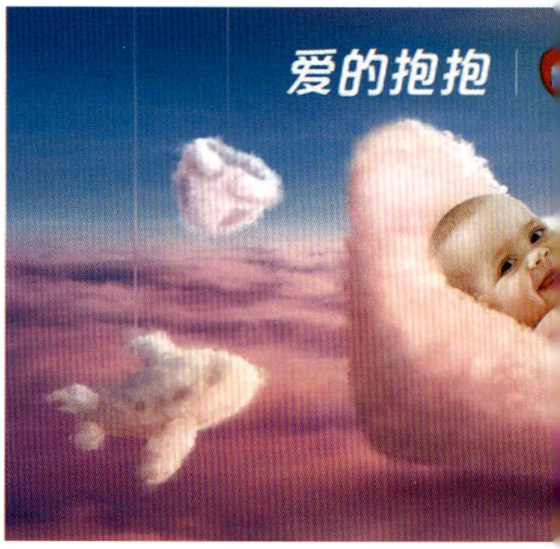
爱的抱抱

祝你双11快乐

尔双11快乐

活出年轻
evian
祝你双11快乐

To make business d

ightful and simple.